华侨大学政管学院丛书　汤兆云主编　　■　汤兆云　郑代良　著

教育部人文社会科学研究规划基金项目《与生育政策配套衔接的家庭发展支持体系完善研究》（编号: 19YJA840013）

与生育政策配套衔接的

YU SHENGYU ZHENGCE PEITAO XIANJIE DE

家庭发展支持体系完善研究

JIATING FAZHAN ZHICHI TIXI WANSHAN YANJIU

山西出版传媒集团

山西经济出版社

图书在版编目（CIP）数据

与生育政策配套衔接的家庭发展支持体系完善研究 /
汤兆云，郑代良著. —太原：山西经济出版社，2022.9
ISBN 978 - 7 - 5577 - 1040 - 8

Ⅰ.①与… Ⅱ.①汤… ②郑… Ⅲ.①人口政策—研
究—中国 Ⅳ.①C924.21

中国版本图书馆 CIP 数据核字（2022）第 170820 号

与生育政策配套衔接的家庭发展支持体系完善研究

著　　者：汤兆云　郑代良
选题策划：范继义
责任编辑：李春梅
助理责编：梁灵均
装帧设计：人文在线

出　版　者：山西出版传媒集团·山西经济出版社
地　　　址：太原市建设南路 21 号
邮　　　编：030012
电　　　话：0351 - 4922133（市场部）
　　　　　　0351 - 4922085（总编室）
E - mail：scb@ sxjjcb. com（市场部）
　　　　　　zbs@ sxjjcb. com（总编室）

经 销 者：山西出版传媒集团·山西经济出版社
承 印 者：三河市龙大印装有限公司

开　　本：787mm×1092mm　1/16
印　　张：13
字　　数：187 千字
版　　次：2023 年 2 月　第 1 版
印　　次：2023 年 2 月　第 1 次印刷
书　　号：ISBN 978 - 7 - 5577 - 1040 - 8
定　　价：58.00 元

目 录

|表目录|

|图目录|

第一章 绪 论

第一节 研究背景

自 20 世纪后半叶开始，为应对人口低生育率、少子化①而出现的人口社会问题，发达国家在包括假期福利、津贴补助、儿童保育、代际支持和女性就业等方面纷纷推出"生育支持家庭政策"，为有儿童和青少年照料需求的家庭提供支持，并使之成为国家福利体系的重要组成部分。② 笔者通过对包括由 38 个市场经济国家组成的政府间国际经济组织——经济合作与发展组织［简称"经合组织"（Organization for Economic Co-operation and Development，OECD）］在内的经济发达国家生育支持家庭政策的梳理发现，生育支持家庭政策能够在一定程度上减轻育龄家庭的抚养负担，提高人口生育水平，但对于不同的国家影响程度不同；同时因各国生育支持家庭政策的内容和支持力度有别，产生的效果也各异，在提高总和生育率和生育水平上呈现出不同的模式。③ 相对于发达国家来说，到 20 世纪 90 年代以后，广大发展中国家才出现因人口低生育率而引起的人口社会问题。据此，发

① "少子化"一词源自日语，是指生育率下降，造成幼年人口逐渐减少的现象。少子化代表着未来人口可能逐渐变少，对于社会结构、经济发展等各方面都会产生重大影响。

② Adema，W.，P.Fron，M.Ladaique.How much do OECD countries spend on social protection and how redistributive are their tax benefit systems? ［J］. International Social Security Review，2014，67（1）.

③ ADSERA A.Changing Fertility Rates in Developed Countries：The Impact of Labor Market institutions ［J］. Journal of Population Economics，2004（1）.

展中国家也在假期福利、儿童保育和女性就业等方面推出了"生育支持家庭政策"。① 与发达国家实行生育支持家庭政策覆盖的范围更广、涉及的生命周期更长（家庭生命的全过程）相比，发展中国家的生育支持家庭政策则主要是针对孩子出生前后，尤其是有未成年孩子的家庭。②

中华人民共和国成立后至 21 世纪初，为了控制人口增长、稳定低生育水平，我国实行的是一系列约束性与激励性相结合、以利益为导向的"奖励扶助政策体系"，其主要包括独生子女父母奖励制度、农村计划生育家庭奖励扶助政策体系、农村计划生育独生子女伤残死亡家庭特别扶助制度、免费计生技术服务制度、免费孕前优生健康检查制度以及西部地区"少生快富"工程 6 个方面的内容，融奖励、扶助发展、优先优惠、养老保险、医疗保险等多种方式为一体，涵盖经济、社会发展、改善民主等领域的全方位的奖励优惠政策。一般认为，计划生育奖励扶助政策体系原本是一种经济上的奖励、优惠、免除、扶持、保护等相关政策体系，它通过一定程度的经济政策体系（当然还包括其他的政策体系），达到有效的"正向"激励，对于我国人口生育政策的实施产生了重要的促进作用。③ 从20 世纪 90 年代中后期开始，我国人口发展的外部条件和内在动力都发生了显著的变化，新增人口规模以及生育水平都保持在较低的水平上。1990年、1991 年、1992 年，我国妇女总和生育率④分别为 2.350、2.187 和2.021。从 1992 年开始，总和生育率开始低于更替水平。2000 年、2005

① Anderson, Thomas, Hans-Peter Kohler. Low Fertility, Socioeconomic Development, and Gender Equity [J]. Population and Development Review, 2015, 41 (3).

② Billingsley, S., T. Ferrarini. Family policy and fertility intentions in 21 European countries [J]. Journal of Marriage and Family, 2014, 76 (2).

③ 汤兆云. 计划生育利益导向政策体系的评估及改革建议 [J]. 人口与发展, 2013 (1).

④ 总和生育率是衡量生育水平最常用的指标之一，指的是假设妇女按照某一年的年龄别生育率度过育龄期，平均每个妇女在育龄期生育的孩子数。总和生育率将特定时点上全体妇女的生育率综合起来，以一个数字来表示。实际上，它就是假设一个妇女在整个育龄期都按照某一年的年龄别生育率生育，她所生育孩子的总数。由于总和生育率避开了育龄妇女不同的年龄结构对生育的影响，因此可以用于比较不同情况下的生育率，是最方便的测量生育率的指标。同时，总和生育率还是测量妇女当前生育水平的一个重要指标，在社会相对稳定的情况下，它可以反映

年，妇女总和生育率分别为 1.60、1.61，继续低于更替水平。[①]2010 年为 1.62，之后一直保持极低的提高幅度，每年提高 0.01。2015 年、2016 年、2017 年、2018 年分别为 1.66、1.67、1.68、1.69（见图 1-1）。

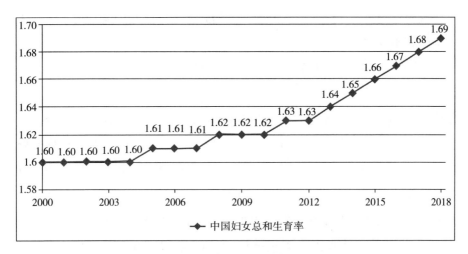

图 1-1　2000 年后我国妇女总和生育率曲线

　　一定数量的新生人口规模对于社会经济良性发展具有重要意义。对此，党的十八届三中全会、十八届五中全会分别启动"单独两孩"生育政策（"启动实施一方是独生子女的夫妇可生育两个孩子的政策"）[②]、"全面两孩"生育政策（"全面实施一对夫妇可生育两个孩子政策"）[③]。为促

（接上页）妇女生育率变化的趋势，并能够反映出不同地区妇女生育水平的差别。一般认为，总和生育率在 2.1 左右称为生育率的更替水平，表明人口数量会维持现状；如果总和生育率<2.1，则人口数量经过一段时间后会减少；如果总和生育率>2.1,则人口数量经过一段时间后就会增长。

[①]　Fertility rate, total（births per woman），https：//data. worldbank. org/indicator/SP. DYN.TFRT.IN。

[②]　党的十八届三中全会提出的《中共中央关于全面深化改革若干重大问题的决定》强调："坚持计划生育的基本国策，启动实施一方是独生子女的夫妇可生育两个孩子的政策，逐步调整完善生育政策，促进人口长期均衡发展。"

[③]　党的十八届五中全会强调：促进人口均衡发展，坚持计划生育的基本国策，完善人口发展战略，全面实施一对夫妇可生育两个孩子政策。

使"全面两孩"生育政策落到实处，中共中央、国务院《关于实施全面两孩政策 改革完善计划生育服务管理的决定》（2015 年 12 月 31 日印发）强调要"构建有利于计划生育的家庭发展支持体系"，主要内容有 3 个方面：①加大对计划生育家庭的扶助力度；②增强家庭抚幼和养老功能；③促进社会性别平等。①

"全面两孩"生育政策实施以来，多项调查及统计数据显示，我国潜在的符合"全面两孩"政策要求的生育人群及实际生育人群的生育意愿都低于预期的生育意愿，实际生育行为也远低于预期的新增人口规模，没有实现预期的政策效应。统计数据同时显示，"全面两孩"政策实施后的 2016 年、2017 年，全国全年新出生人口规模分别为 1 786 万人、1 723 万人；人口出生率分别为 12.95‰、12.43‰，自然增长率分别为 5.86‰、5.32‰。但 2018 年、2019 年新出生人口规模分别降至 1 523 万人、1 465 万人；人口出生率分别为 10.94‰、12.43‰，自然增长率分别为 3.81‰、5.32‰，下降的比例是较大的，且明显低于"十二五"时期（2011—2015 年）人口的年均出生水平。文献研究显示，全国新出生人口规模逐年下降的原因是多方面的，但"家庭发展支持体系不完备、不健全"是育龄妇女生育两孩的主要顾虑之一。也就是说，由于家庭发展支持体系不能解决育龄家庭的生育顾虑，"全面两孩"生育政策没有达到预期的政策效应。要实现"全面两孩"生育政策预期的政策效应，与生育政策配套衔接的"家庭发展支持体系"必须得到进一步完善，即在逐步调整完善生育政策的背景下，建立完善与生育政策配套衔接的包括生育支持、幼儿养育、青少年发展、老人赡养、病残照料等在内的家庭发展支持政策，并进一步完善计划生育家庭奖励扶助政策体系和特别扶助制度，以达到鼓励按政策生育的目的。

完善与生育政策配套衔接的家庭发展支持体系，已被新一届中央领导集体作为关乎基本民生问题和国家长治久安的重大制度性安排提

---

① 中共中央 国务院关于实施全面两孩政策 改革完善计划生育服务管理的决定. 2015. http：//www.gov.cn/xinwen/2016-01/05/content_ 5030806.htm。

上议事日程。党的十八大以来，在党的十八届三中全会平稳实施"单独两孩"政策的基础上，党的十八届五中全会又决定实施"全面两孩"生育政策，并同时提出"构建有利于计划生育的家庭发展支持体系"；党的十九大报告进一步提出要"促进生育政策和相关经济社会政策配套衔接"。在此基础上，党的十九届四中、五中全会又分别做出"优化生育政策，提高人口质量""优化生育政策，增强生育政策包容性"的要求。

适应人口和经济社会发展新形势、促进人口长期均衡发展的"全面两孩"政策要取得预期的政策效果，建立健全能够解决生育顾虑的、有着切实可行内容的家庭发展支持体系具有重要意义。这一要求对适应我国人口与经济社会发展新形势，顺应人民群众需求，具有十分长远的战略指导意义。

第二节　研究基础理论

一、责任政府理论

作为一种新的政府管理理念，责任政府理论，是指宪法和法律授予的政府在管理社会公共事务中必须承担的职责和义务。在现代意义上的行政学诞生之初，学者就开始关注"政府责任（行政责任）"理论。现代行政学创始人、美国学者威尔逊在《行政学研究》（1887 年）这篇论文中提出了行政机关的最高标准是"效率"，并对行政学研究的必要性、行政学的目标和任务、行政的实质、行政学研究的历史渊源、行政学研究方法论、人事行政思想、行政监督思想等行政核心问题做了系列整理。威尔逊行政学的核心思想是政治与行政之间的关系以及关于行政学研究的一系列重大问题，实际开了现代政府责任理论研究之先河。①

关于政府如何承担其责任方面，1936 年，约翰·梅纳德·凯恩斯②在《就业、利息和货币通论》（简称《通论》）中提出了著名的"国家干预主义"思想。在资本主义经济发展过程中，市场经济有着难以克服的问题。凯恩斯提出了"国家干预主义"。他认为，资本主义市场运行机制中的缺陷和问题，要通过国家的干预来弥补。政府要充当起资本主义的经济活动和社会生活"守夜人"③的角色，制定和实行经济政策来干预市场经济，弥补市场调节机制的缺陷。与此同时，政府还要在社会保障中承担应有的责任，统筹兼顾效率与公平，提高人民福利。④责任政府从广义上理解为政府必须依法回应人民的合理要求，狭义的责任政府是指政府在行政执行过程中需要履行好其行政责任，并在违规情况下承担相应的法律责任。因此，责任政府理论是指政府在实施社会治理过程中需要承担

① 威尔逊的行政学说主要包括：a. 论证了行政学研究的必要性：社会公共事务日益复杂；政府职能不断扩大且日渐复杂；行政管理难以适应社会发展需要；迫切需要系统化的理论指导；b. 明确了行政学的目标和任务：研究政府能够适当地承担什么职能；研究政府能够成功地承担什么职能；研究政府高效行政的方式与方法；c. 揭示了行政管理的本质，政府工作中最显著的部分，行动中的政府，行政不同于政治，行政与政治密切相关；d. 说明了行政学研究的历史渊源；e. 提出了其行政学研究方法论；f. 提出了其人事行政思想：行政学研究的最终目的在于通过寻求最佳理论和方法来建立一支高素质的文官队伍；通过人事行政制度的建立和完善来保证文官的高素质；领导带头端正工作态度、克服官僚主义；健全激励机制，培养行政官员的工作兴趣；g. 提出了其行政监督思想。

② 约翰·梅纳德·凯恩斯，现代西方经济学最有影响的经济学家之一。1936 年，凯恩斯在其代表作《就业、利息和货币通论》中一反过去的立场，转而强调贸易差额对国民收入的影响，相信保护政策如能带来贸易顺差，必将有利于提高投资水平和扩大就业，最终使得经济繁荣。在此过程中，政府作为责任主体，应该承担应有的责任。

③ 亚当·斯密在《国民财富的性质和原因的研究》等著作中，详细讨论了政府如何以守夜为天职，即如何做好"守夜人"。他提出，作为"守夜人"的政府职能主要有三项：保护本国社会的安全，使之不受其他独立社会的暴力与侵略；保护人民，不使社会中任何人受其他人的欺负或压迫，换言之，就是设立一个严正的司法行政机构；建立并维持某些公共机关和公共工程。

④ 张邦辉. 社会保障的政府责任研究 [M]. 北京：中国社会科学出版社，2011:26-27.

相应的责任，要求政府及时履行职责，最终提高政府信誉。

关于国内学术界对"政府责任"的理论研究，一般认为张成福教授发表于《中国人民大学学报》上的《责任政府论》是国内最早讨论政府责任的根源、内涵、体系等基础理论的文章。张成福教授认为，民主政治与民主行政在本质上必然是责任政府；责任政府意味着政府能积极地回应、满足和实现公民的正当要求，责任政府要求政府承担道德的、政治的、行政的、法律上的责任；同时，责任政府也意味着一套对政府的控制机制。①

另有学者从其他角度阐述了政府责任的思想。"马克思主义国家学说"阐述了政府作为国家机器组成部分的政治责任内涵。"社会契约论"则更注重政府的社会责任。洛克认为，由于人们缺少公正的法律来裁决人们之间的纠纷，国家必须拥有立法权力来保护人们的自由、生命和财产。② 李军鹏认为，责任政府是政府负责地行使公共权力，向选民、立法机关和执政党负责，积极回应并满足公民的各种社会需求的一种政府模式。③ 孙聚高认为，法治政府是指政府机构的设立与运作，包括行政立法和决策在内的政府整体行为与个体执法行为都是合法化、合理化、规范化的政府。提出这一概念是对法治国家概念的集中回应，始终坚持全方位贯彻法律优先原则和创建政府行为法治化监控机制是现时建设法治政府之关键。④

二、人力资本理论

第二次世界大战之后，针对随着世界各国经济迅速复苏而出现的新问题，一些学者从人力资本理论角度进行了分析。诺贝尔经济学奖得主西奥

---

① 张成福. 责任政府论 [J]. 中国人民大学学报，2000（2）.
② 郑军. 中国农村养老保障制度中政府责任的理论框架：基于制度文化的视角 [J]. 经济理论与经济管理，2012（10）.
③ 李军鹏. 当代西方责任政府理论研究述评 [J]. 公共管理高层论坛，2008（1）.
④ 孙聚高. 法治政府论 [J]. 广东行政学院学报，2001（4）.

多·W. 舒尔茨[1]和雅各布·明塞尔[2]就是其中重要的代表人物。西奥多·W. 舒尔茨认为，人力资本包括人的知识、技能以及体力等方面的能力，其中知识和技能主要依靠教育获得，而人的知识、技能的发展主要来自人们对教育的投资，因此，教育是经济增长的最终源泉。雅各布·明塞尔提出了论证工作经验与收入之间呈现"倒 U 形"的曲线关系的"明塞尔模型"。这一模型表明，随着年龄增长，收入先上升而后下降。[3] 舒尔茨把人力资本投资的途径归纳为"卫生保健设施和服务""在职培训""正规的初等、中等和高等教育""投资项目"和"个人和家庭进行迁移以适应不断变化的就业机会"等几个方面。[4]他同时提出：人的能力的形成过程包含着与生命周期中各时期相对应的多个阶段，一个技能的形成可以增加下一时期获取技能的能力。因此，应从生命周期的角度来进行人力资本投资。[5]

_____

① 西奥多·W. 舒尔茨，美国著名经济学家、芝加哥经济学派成员、芝加哥大学教授及经济系主任。他在经济发展方面进行了开创性研究，深入研究了发展中国家在发展经济中应特别考虑的问题，获得 1979 年诺贝尔经济学奖。他首先提出了人力资本理论，并对经济发展动力这一重要学说的发展做出了重要贡献。他在长期的农业经济研究中发现，促使美国农业产量迅速增长的重要原因已不是土地、劳力或资本存量的增加，而是人的技能与知识的提高；同时，他发现工人工资大幅度增长中有一部分尚未得到解释。他将这一部分归功于人力投资的结果。于是，舒尔茨在 1960 年提出人力资本学说，其中心论点就是，人力资源的提高对经济增长的作用，远比物质资本的增加重要得多。同年，舒尔茨在美国经济学第 73 届年会所做的"人力资本投资"的演讲，被称作人力资本理论创立的"宪章"，证明了教育对经济发展的巨大贡献。
② 雅各布·明塞尔在《人力资本投资与个人收入分配》（1958 年）中提出了人力资本理论，并用这一理论解释个人收入差别与人力资本之间的关系。他把个人收入差别归因于接受正规教育、在职培训和工作中经验积累形成的人力资本差别，并把受教育年限作为衡量人力资本投资的最重要标准，建立了说明人力资本投资与个人收入之间关系的人力资本收益率模型，建立了个人收入分析与其接受培训量之间关系的经济数学模型。明塞尔的这些研究既有理论模型，又有资料的实证分析，其研究结论影响到经济理论与政策制定。
③ 熊波. 机会均等视角下的高等教育成本分担机制研究 [M]. 武汉：华中师范大学出版社，2010:8.
④ 段钢. 人力资本理论研究综述 [J]. 中国人才，2003 (5).
⑤ 李晓曼，曾湘泉. 新人力资本理论——基于能力的人力资本理论研究动态 [J]. 经济学动态，2012 (11).

第三节 文献研究述评

持续的低生育率状况不仅会导致人口老龄化、对社会保障体系构成威胁，更会对养老和医疗保险体系产生影响，而且预计还会在其他社会领域产生诸多影响。此外，无子女现象在老年人长期护理保险领域引起了额外的问题，由于这些老人没有子女，未来便没有家庭成员照顾他们，因此需要依赖昂贵的社会长期护理机构。正因为这些制约因素，人们越来越认识到，老龄化、萎缩的社会必须面对和解决低生育率问题，实施可持续发展的家庭发展支持政策，或许可以改变这一现状。有学者指出，"以人口为导向的家庭发展支持政策"这一术语在今天已经成为普遍的用法，"可实现的理想生育率"的目标已经被更加明确地表述出来。"可持续的、以人口为导向的家庭发展支持政策并不意味着要说服人们想要孩子。相反，这是为了帮助人们在更好的基础设施的帮助下实现他们所期望的生育率，并建立一种有利于家庭的企业文化"。可持续的家庭发展支持政策旨在提高出生率和促进妇女就业，改善母亲对工作生活的参与情况，以减轻家庭贫困和儿童的贫困。

我国自 2016 年正式实施"全面两孩"政策，《中共中央 国务院关于实施全面两孩政策 改革完善计划生育服务管理的决定》中充分强调实施"全面两孩"政策、改革完善计划生育服务管理的重大意义，重视构建利于"全面两孩"政策贯彻实施的家庭发展支持体系，加大对计划生育家庭的扶助力度、增强家庭抚幼和养老功能，促进性别平等；并指出到 2020 年要实现"计划生育服务管理制度和家庭发展支持体系较为完善"等目标。2019 年 10 月，党的十九届四中全会通过的《中共中央关于坚持和完善中国特色社会主义制度、推进国家治理体系和治理能力现代化若干重大问题的决定》中明确提出，要进一步"优化生育政策，提高人口质量"，进一步对我国的人口生育政策进行调整和优化。至 2020 年，"全面两孩"政策已经实施 4 年之久，据中华人民共和国国家统计局发布的公告显示，"全面两孩"政策实施后，2016 年和 2017 年我国出生人口分别为 1 786 万人和 1 723万人，明显高于"十二五"时期年均出生 1 644 万人的水平，政策效果显著。但是，2018 年、2019 年，国家统计局公布的出生人口分别为 1 523万人、1 465 万人，下降比例相对较大。此外，多项调查及统计数据显示，我国潜在目标生育人群和实际生育人群的生育意愿低于预期的生育意愿，且新增两孩的数量明显低于有生育意愿的人口，没有实现预期的政策预期和政策效应。造成这种现象的原因是多方面的，学术界普遍认为主要原因在于"全面两孩"政策的生育主体有着如职业升迁、孩子照料、入托入学和养育成本等多方面的顾虑，因此，要实现"全面两孩"政策的预期效果，就要进一步构建和完善与生育政策配套衔接的包括生育支持、幼儿养育、青少年发展、老人赡养、病残照料等在内的家庭发展支持体系，并进一步完善计划生育家庭奖励扶助政策体系和特别扶助制度，以达到鼓励按政策生育的目的。[①]

一、国外文献研究进展

在人口低生育水平成为世界难题的背景下，大多数发达国家的生育率下降已然成为不争的事实。为提高生育水平，促进人口的长期持续发展，很多国家提出相应的生育支持政策和家庭发展政策，以期缓解女性在家庭育儿和工作之间的矛盾，减轻生养负担，改善生育家庭生活质量，促进生育，形成了包括生育服务、儿童保育、育龄家庭补贴、产后带薪休假等方面的生育支持政策以及相关配套衔接的家庭发展支持政策体系。与许多公共政策领域相比，家庭发展支持政策通常不构成一个独立的政策领域，而是包括产假、育儿假、儿童保育政策和家庭法等领域。家庭发展支持政策的要素通常被纳入其他政策领域，如医疗、社会保障、住房、福利、税收、民法等。因此，家庭发展支持政策可能会分散在若干政策领域内，每一个领域的特点可能由不同的历史和制度发展而决定。关于家庭发展支持

---

① 张赛群. 育龄妇女二孩生育顾虑及其家庭发展支持体系的完善 [J]. 社会科学家，2017 (5).

政策的定义，国外一般有 3 种主要解释：一是，Kamerman 和 Kahn 将家庭发展支持政策定义为"政府为家庭所做的一切，如日托、儿童福利、家庭咨询、计划生育、收入维持、一些税收优惠"，因此，他们将家庭发展支持政策视为国家所有针对家庭的活动的总和。① 二是，Bourdieu 认为，家庭发展支持政策是国家旨在"支持某种家庭组织并加强那些有能力遵守这种组织形式的人"的活动。因此，他认为，家庭发展支持政策是国家建立和制度化一种特殊形式的家庭的措施，是社会中普遍存在的私人关系形式。在 Kamerman 和 Kahn 看来，这不仅适用于作为一个社会机构的家庭，还如人口学家布迪厄强调的那样，它还应包括人们所认为的家庭的构建，即人们心目中普遍存在的家庭形式的构建。因此，家庭发展支持政策旨在支持一个特定的家庭组织，并将这种家庭形式作为社会规范制度化。② 三是，女权主义福利国家研究者又增加了两个方面的内容。首先，他们强调家庭发展支持政策是一个国家福利状况的核心部分。按照 Esping-Andersen（1990）③ 对福利国家分析的方法，他们将家庭发展支持政策视为国家社会结构政策的一部分。通过考虑家庭发展支持政策对社会性别、阶级、种族以及其他社会、经济和私人关系的影响，扩大了家庭发展支持政策的重点。其次，女权主义家庭发展支持政策研究强调家庭观念的分解。家庭可以包括不同形式的私人关系，如伙伴关系和亲子关系。（Orloff，1993；Lewis，1992；Langan 和 Ostner，1991）④ 在家庭发展支持政策实施发展方面，Bledsoe 认为，如

---

① Kamerman，Sheila，Alfred Kahn. Family policy：government and families in fourteen countries，New York：Columbia University Press，1978.

② Bourdieu，Pierre. On the family as a realized category，Theory，Culture & Society，1996，13（3）：19-26.

③ Esping-Andersen，G. The Three Wolds of Welfare Capitalism. Cambridge：Polity Press，1990.

④ Orloff，Ann Shola. Gender and the social rights of citizenship：The comparative analysis of gender relations and welfare states［J］. American Sociological Review，1993，58（3）：303-328；Lewis，Jane. Gender and the development of welfare regimes［J］. Journal of European Social Policy，1992，2（3）：159-173；Langan，Mary and Ilona Ostner. Geschlechterpolitik im wohlfahrtsstaat：aspekte im internationalen vergleich［J］. Kritische Justiz，1991，24（3）：302-317.

果家庭发展支持政策与指导大多数人生活的准则相抵触的话，对生育率的影响可能很弱或者微不足道，发展中国家的人口政策已经开始显现这一点，这会阻碍家庭发展支持政策的进一步发展。[①] 在家庭发展支持政策工具分类方面，Thévenon、Olivier 和 Gauthier 从鼓励生育角度将发达国家的家庭发展支持政策工具归纳为母亲支持、儿童支持、长期正式的财务支持、帮助父母兼顾工作和养育子女支持、为因生育子女无法进行工作的父母提供补贴 5 类。[②] 在关于与生育政策配套相关的家庭发展支持政策研究中，国外研究文献主要集中在以下几个方面。

一是家庭发展支持政策对生育率影响的研究。完善相关家庭发展支持政策以期减轻家庭生育负担，促进生育。比如 Anne Helene Gauthier 和 Jan Hatzius 研究 1970—1990 年 22 个工业化国家政府对家庭采取一系列鼓励父母生育更多孩子的政策发现，以家庭津贴形式所提供的现金福利和生育率呈正相关关系，但是这种影响是短期而有限的。[③] Haya Stier 和 Noah Lewin-Epstein 提出结合"福利制度"和性别政策来解释国家为职业妇女提供支持从而减轻家庭抚养子女的负担，进而影响生育率。[④] 后来，Anders Björklund 以瑞典为案例进行研究，推断家庭发展支持政策对生育率的影响，瑞典的家庭发展支持政策范围迅速扩大，从 20 世纪 60 年代初到 1980 年前后（不到 20 年的时间里），在带薪产假、儿童保育补贴、照顾患病儿童的带薪假期和儿童普遍津贴方面，慷慨度显著增加。家庭政策能够影响

①　Bledsoe, Caroline.Contingent lives：fertility, time and aging in West Africa ［M］. Chicago：University of Chicago Press，2002.

②　Thévenon, Olivier, Gauthier, Anne H.Family Policies in Developed Countries：A "Fertility-booster" with Side-effects ［J］. Community, Work and Family, 2011, 14（2）.

③　Anne Helene Gauthier, Jan Hatzius.Family benefits and fertility：an econometric analysis ［J］. Population Studies, 1997, 51（3）：295–306.

④　Haya Stier, Noah Lewin-Epstein. Welfare regimes, family-supportive policies, and women's employment along the life-course ［J］. American Journal of Sociology, 2001, 106（6）：1731–1760.

生育水平的主要原因是，这种政策降低了生育成本。[①] 此外，Ronald R. Rindfuss 和 David K.GuilKey 基于挪威的数据并建立统计模型来研究儿童保育对生育水平的影响，研究表明，高质量、负担得起、对工人友好的儿童保育制度可以有效地提高生育水平，此外，挪威的经验还表明，国家对相关制度的调整，可以有效地减少工作与家庭责任之间的冲突，从而使得生育率水平更接近替代水平。[②] 还有学者调查了挪威和瑞典夫妇中父亲和母亲休育婴假和继续生育之间的关系，两国的家庭发展支持政策大体相似，但在家庭发展支持政策背景上存在差异。研究表明，在挪威和瑞典，父亲休育婴假与持续生育呈正相关，对一孩和两孩夫妇都是如此，可见父亲更多地参与抚养孩子与家庭的持续建设是正相关的。这种联系在挪威更为强烈。对于两个孩子的家庭来说，母亲的长时间休假与第三个孩子的出生呈正相关。似乎两个孩子的家庭与工作和家庭生活的结合是高度兼容的，但在选择多生孩子的家庭中，母亲的工作倾向往往较弱。不仅如此，研究还指出，育儿假只是一项家庭发展支持政策措施，它与其他选择（如育儿补贴和育儿现金福利）一起，影响生育率和工作—家庭选择。这些其他政策选择也影响父母使用育儿假。例如，学者研究证实，[③] 在挪威，育儿现金福利可能是母亲休育儿假与第二胎风险之间负相关的一个促成因素。同样的福利制度也可能减少父亲休假的使用。[④]

　　二是关于国外与生育相关的家庭发展支持政策实施原因与进一步发展完善的研究。为了应对日益严重的老龄化问题，最根本的解决方式就是促

① Anders Björklund.Does family policy affect fertility? ［J］. Journal of Population Economics，2006，19（1）：3-24.

② Ronald R.Rindfuss，David K.GuilKey.Child-care availability and fertility in Norway ［J］. Population and Development Review，2010，36（4）：725-748.

③ Duvander A Z，Lappogård T，Andersson G. Family paicy and fortility：Fathers' and mouther's use of parental leave and continued childbearing in Norway and Sweden ［J］. Journal of European Social Poling，2010，20（1）：45-57.

④ Duvander A Z，Lappegård T，Andersson G. Family policy and fertility：Fathers' and mothers' use of parental leave and continued childbearing in Norway and Sweden，Journal of European Social Policy，2010，20（1）：45-57.

进人口生育。但是 Brewster 和 Rindfuss 在研究中提出，家庭夫妇在生完第一个孩子后，会更加意识到工作与家庭的冲突，这可能会减少人口出生率;① 尤其是随着妇女的教育和职业机会扩大，面临就业和家庭时间之间的竞争时，如果妇女以牺牲就业机会为代价来成为母亲的话，将会限制或推迟生育（Guerrina，2002）。② 因此，有学者在研究中认为，家庭发展支持政策的主要目标是促进妇女就业和保护她们的权利，进而促进生育，如 Christin Hilgemana 和 Carter T. Butts 在分析中发现，在儿童接受日托服务比例较高的国家，妇女往往有更多的孩子。③ 此外，Ann-Zofie Duvander 和 Trude Lappegard 探究了北欧国家产假的使用和随后生育之间的关系，发现父亲参与育儿假可以增加生育率的主要原因是减轻了妇女在家庭中的工作负担，从而改善了子女和妇女就业的相容性，而且激发了父亲对于子女的兴趣。④ 但是，也有学者指出，长期不从事有偿工作可能会降低妇女的就业连续性，减少其工作经验，从而降低她们的收入水平。研究表明，母亲使用育儿假的概率高于父亲，在孩子小的时候，母亲从事有偿工作的时间较少，长时间的育儿假可能会减少妇女的工作经验，影响她们的收入。此外，实施支持就业的家庭发展支持政策也可能会使雇主对她们产生歧视的倾向，从而限制妇女的经济机会。⑤ 因此，Anders Björklund 指出，家庭发展支持政策的实施必须考虑如何改变社会机构，以便克服家庭、商业部门和治理机构中根深蒂固的情绪和态度，比如用人单位因为带薪产假而减少

---

① Brewster, Karin L., Ronald R. Rindfuss. Fertility and women's employment in industrialized nations, Annual Review of Sociology, 2007, 26, 271−296.

② Guerrina, R. Mothering in Europe: feminist critique of European policies on motherhood and employment, The European Journal of Women's Studies, 2002, 9 (1): 49−68.

③ Christin Hilgemana, Carter T. Butts. Women's employment and fertility: a welfare regime paradox, Social Science Research, 2001, 38 (1): 103−117.

④ Ann-Zofie Duvander, Trude Lappegard. Gender equal family policy and continued childbearing in Iceland, Norway, Sweden, Stockholm: Stockholm University, Department of Sociology (Stockholm Research Reports in Demography, 2016).

⑤ Hadas Mandel Moshe, Semyonov. Family policies, wage structures, and gender gaps: sources of earnings inequality in 20 countries [J]. American Sociological Review, 2005, 70 (6): 949−967.

女性岗位以及女性应该承担大部分生养负担和家务这种现象等，并认为除非从根本上改变目前的状况，培育有利于儿童和家庭的环境，否则很难相信家庭发展支持政策可以引发生育模式的变革。① Gerda Neyer 和 Gunnar Andersson 根据生育相关维度对家庭发展支持政策进行聚类，然后判断这些维度对社会制度构建的影响，发现一些国家的家庭发展支持政策制度偏离了它们所属的福利国家制度，由此得出结论，任何关于家庭发展支持政策对生育和生育行为影响的调查都需要在一个更广泛的背景下看待，必须在一个框架内审查家庭发展支持政策，使国家、市场、社会和家庭相互联系，并考虑管理这些政策的规范性原则。② 近几年，家庭发展支持政策成为经合组织国家中社会政策的一部分，其中包括育儿政策和促进灵活就业政策。③ 在所有经合组织国家中，由于年轻一代女性具有高等教育素质和就业率，她们的价值观发生变化，经济上更加独立自主，对传统的家庭角色的尊重程度也降低了，这导致更多的妇女推迟生育，直到她们在劳动力市场上有了稳定的立足点。因此，生育率低于更替水平很可能在未来几年内成为大多数经合组织国家的一个显著特征，于是，家庭津贴以及儿童福利都存在，旨在对子女家庭提供支持以减少贫困，或者引入旨在提高生育吸引力的现金福利，如在法国，从 2004 年 1 月开始，为每个新生儿的母亲一次性支付 800 欧元。在意大利，2004 年规定第二个孩子出生时一次性支付 1 000 欧元的津贴。在德国，2004 年的规定增加了无子女家庭（相对于有子女的家庭）对一般护理计划的缴款，从而更广泛地分担抚养子女的费用。此外，由于税收制度具有纵向和横向的再分配效应，因此还通过税收

---

① Anders Björklund.Does family policy affect fertility? ［J］. Journal of Population Economics，2006，19（1）：3-24.

② Gerda Neyer, Gunnar Andersson.Consequences of family policies on childbearing behavior：effects or artifacts? ［J］. Population and Development Review, 2008, 34（4）：699-724.

③ Jane Lewis, Trudie Knijn.Patterns of development in work/family reconciliation policies for parents in france, germany, the Netherlands and the UK in the 2000 ［J］. Social Politics, 2008, 15（3）：261-286.

制度向有子女的家庭提供支助。① 此外，东亚国家的政策制定者也逐渐认识到目前超低的生育率会导致人口老龄化和人口萎缩，进而在卫生和社会保障体系中产生严重问题。而生育率的提高可以减缓人口老龄化。由此，一些政策制定者推广、采用家庭福利和地方主义的政策以期提高生育率，如韩国首尔、日本东京等大都市除了中央政府推出的计划外，还推出了自己的计划，以支持多子女家庭。韩国首尔在以下领域有 65 个项目：鼓励生育、儿童保育福利、建立家庭友好型环境和妇女人力资源开发计划等。在日本和韩国，妇女仍然是家务的主要贡献者，妇女对工作和家庭的平衡难度仍较大。尤其在日本，自 20 世纪 90 年代以来，就业的不确定性加之 1997—1998 年的亚洲经济危机，使结婚成为一件非常谨慎的事情，年轻人认为有必要在工作稳定之后再结婚，进而导致生育年龄推后。面对这种不婚育的不乐观现状，日本主要采取两种政策方式来刺激生育：其一，直接补贴生育和育儿，将儿童津贴作为帮助低收入家庭的一项家庭发展支持政策措施；其二，促进婚姻和育儿体制框架的改革。②

　　可见，未来关于家庭发展支持政策的变革与发展模式除了完成大量的任务外，还需要履行两大功能：即必须提高妇女协调亲子关系和有酬就业的能力，必须打破传统的性别角色归属。这种家庭发展支持政策的范式转变需要全社会的重视和认知上的醒悟，同时需要人口基础。家庭发展支持政策意味着塑造社会，至少已经得到了承认。家庭是一个需要在基础设施、时间和金钱等方面相互协调与帮助并联系内外的开放网络。因此，需要的是一种家庭发展支持政策组合，其目的是扩大儿童保育，为家庭提供有效的财政支持，并通过改善家庭与工作的协调来放松年轻家庭所面临的时间紧张和精神、体力上的压迫。家庭发展支持政策目前并不完全是以支持生的方式制定的。家庭发展支持政策需要改变，而且确实正在开始改

---

① Jane Lewis, Trudie Knijn. Patterns of development in work/family reconciliation policies for parents in france, germany, the Netherlands and the UK in the 2000 [J]. Social Politics, 2008, 15 (3): 261-286.

② Tomas Frejka, Gavin W.Jones.East Asian childbearing patterns and policy developments [J]. Population and Development Review, 2010, 36 (3): 579-606.

变。这个过程才刚刚开始，需要一些时间。

　　三是侧重于解释特定家庭发展支持政策实施（如育儿假、家庭津贴、育儿补助、职业发展等）与生育结果之间关系的实证研究。Trude 研究了挪威家庭发展支持政策与生育结果之间的关系，采用的是 1995 年至 2002 年期间的行政登记数据。分析表明，促进父亲参与的育儿假和两性平等的政策与第二胎的出生时间呈正相关，且给予更多一般家庭支持的政策与第三胎的出生时间呈正相关。另外，探究不同家庭对不同政策的反应情况，得到的重要观点是：旨在改善工作与家庭协调的政策和旨在改善父母育儿选择的政策确实很受欢迎，但是，于生育结果而言，对政策的反应存在着广泛的差异，独生子女夫妇和两孩夫妇之间存在差异。① Nada Stropnik 和 Milivoja Šircelj 以斯洛文尼亚的家庭发展支持政策为研究对象，认为其家庭发展支持政策相对完善，特别是在育儿假和学前儿童保育方面，旨在协调职业和家庭义务，为两性提供平等机会，并对收入进行横向的再分配，有利于有子女的家庭。但是，几乎没有观察到家庭发展支持政策对生育结果的影响，就算是有也是短期的积极影响。不可否认的是，家庭发展支持政策一定程度上阻止了出生人数的下降，也毫无疑问减轻了许多有孩子的家庭的经济负担，甚至改变了贫困，并且提倡夫妻之间应该平等地分担家务和与孩子相关的责任。此外，通过家庭发展支持政策期望消除青年人作为生育负责人可能面临的客观障碍，使他们能够更早地生育子女，最后提到要防止由于母亲身份而造成劳动力上的性别歧视，这对于斯洛文尼亚的家庭发展支持政策发展来说是任重而道远的。② 不仅如此，在德国，无子女已被广泛接受，德国是世界上无子女率最高的国家之一，其家庭发展支持政策也存在一定缺陷，传统的妇女角色观念得到家庭发展支持政策的支持，仍然倾向于向家庭提供金钱支助和促进男性养家糊口的传统模式，这导致妇

---

① Trude.Working papern family policies and fertility: parents' parental leave use, childcare availability, the introduction of childcare cash benefit and continued childbearing in Norway, Discussion Papers, 2008: 564.

② Nada Stropnik, Milivoja Šircelj.Slovenia: Generous family policy without evidence of any fertility impact [J]. Demographic Research 2008, 19: 1019-1058.

女在很大程度上被迫在家庭和工作之间做出选择，并在孩子出生后离开劳动力市场。这种普遍存在的家庭发展支持政策概念无助于减少妇女在工作和家庭生活之间做出选择的压力，特别是对于受过高等教育的妇女来说，这种选择可能更容易导致其决定不要孩子或者推迟生育。① 此外，还有学者认为，家庭发展支持政策方案实施的作用在于很大程度上帮助妇女将工作和家庭生养结合起来，减少生育子女的成本，进而提高生育率。例如Adriaan Kalwij 使用 16 个西欧国家的个人水平数据，辅以不同国家家庭发展支持政策方案的国家社会支出数据，分析了家庭津贴、产假和育儿假津贴、育儿补助等国家支出变化对生育结果的影响，结果表明，增加家庭发展支持政策方案的支出，帮助妇女将家庭和就业结合起来，从而降低生育儿童的成本，可产生积极的生育反应。更具体地说，延长产假、育儿假的育儿规定会使妇女更早地生育和生育更多的孩子。②

四是与生育率和家庭发展支持政策相关的其他方面的研究。从历史上看，几乎所有发达经济体似乎都有明确的证据表明，女性劳动力供应与生育率之间存在反向关系。例如，生育率最低的德国、意大利和西班牙等国家的妇女参与率也最低。Patricia Apps 和 Ray Rees 在研究中假设造成这种情况的原因在于一个国家的税收制度和儿童抚养制度的综合影响，结果表明，实行个人而非共同征税，并通过改善家庭育儿的替代办法而不是通过直接支付子女津贴来支助家庭的国家，可能会提高妇女劳动力供应和达到更高的生育率。③ 此外，从政策角度看，任何现代福利国家的中心目标都应该是在抚养子女的同时减少父母在日常生活中遇到的困难，特别是在低生育率的情况下。随着研究的进一步发展，近年来决策者不仅寻求政策对家庭变化做出反应，而且试图影响人们对婚姻、离婚和生育的决定。Maria

① Jürgen Dorbritz.Germany. Family diversity with low actual and desired fertility [J]. Demographic Research, 2008, 19: 557-598.
② Adriaan Kalwij.The impact of family policy expenditure on fertility in western Europe [J]. Demography, 47 (2): 503-519.
③ Patricia Apps, Ray Rees.Fertility, taxation and family policy [J]. Scandinavian Journal of Economics, 2004, 106 (4): 745-763.

Cancian 和 Deborah Reed 认为公共政策必须对家庭形式的多样性和不稳定性做出反应,① 由此最佳家庭发展支持政策的设计也得到学者的进一步研究，如 Pierre Pestieau 和 Gregory Ponthiere 探讨了个人在选择不同生育时间时最佳家庭发展支持政策的设计，并考虑到早产通常关系低收入的父母，家庭津贴有理由进行重新分配。研究表明，根据父母的年龄区分儿童津贴可以更好地实现再分配，成为最佳家庭发展支持政策的一部分，并且生育年龄对社会保障资金还有影响。② 另外，还有学者探究家庭生育偏好的影响问题，进而发现现实生育环境中的相关问题，如 Stuart Basten 和 Baochang Gu 通过回顾 1980— 2009 年中国独生子女政策实施以来的一系列生育偏好问题，发现有迹象表明普遍存在低于更替水平的生育偏好，表明中国城市居民的生育偏好可能与他们目前的低生育水平相似。如果真是如此的话，越来越多的证据表明，中国可能已经落入 "低生育率陷阱"，并且，家庭角色和责任问题被认为是中国低生育环境中的关键问题。③ 平衡好家庭角色和责任问题，减少家庭和工作之间的冲突不仅可以刺激就业和生育，也有助于提高父母的生活满意度。④ 后来，Anna Matysiak 和 Letizia Mencarini 等运用来自澳大利亚家庭、收入和劳动力动态调查的面板数据来

---

① Maria Cancian, Deborah Reed.Family structure, childbearing, and parental employment：implications for the level and trend in poverty, University of Wisconsin-Madison, Institute for Research on Poverty, 2008.

② Pierre Pestieau, Gregory Ponthiere.Childbearing age, family allowances, and social security, ［J］. Southern Economic Journal, 2013, 80（2）：385-413.

③ Stuart Basten, Baochang Gu. Childbearing preferences, reform of family planning restrictions and the Low Fertility Trap in China. Oxford Centre for Population Research Working Paper N. 59, 2013, 1145-1166.

④ Rindfuss, R.R., Guilkey, D.K., Morgan, S.P., & Kravdal, Ø.Child-care availability and fertility in Norway, ［J］. Population and Development Review, 2010, 36（4）：725-748；Begall, K., & Mills, M.The impact of subjective work control, job strain and work-family conflict on fertility intentions：a European comparison ［J］. European Journal of Population/Revue europe énne de De'mographie, 2011, 27（4）：433-456；Misra, J., Budig, M, Boeckmann, I. Work-family policies and the effects of children on women's employment hours and wages.Community ［J］. Work and Family, 2011, 14（2）：139-157.

探究父母的主观幸福感与生育之间的关系，发现只有当母亲面临大量的工作—家庭冲突时，生育才会对主观幸福感产生负面影响，但是那些有能力获得高质量的外部托儿服务的人，他们可以从伙伴、亲戚、朋友那里得到支持，或者有灵活的工作时间或很少加班，他们更可能受益于与他们的孩子之间的亲密关系。这些父母在（随后的）孩子出生后，其主观幸福感可能不会下降，甚至会增加，这也就进一步说明了家庭发展支持政策或者相关育儿设施的完善会对父母的幸福感和生育情况产生积极影响。[①]

二、国内文献研究进展

我国关于生育政策与家庭发展支持政策相关联的研究可以分为计划生育下独生子女政策、"单独两孩"生育政策以及"全面两孩"政策等不同生育政策与家庭发展支持政策相关的研究。另外，还有部分学者通过借鉴研究国外关于生育政策背景下的家庭发展支持政策并结合国内实际情况，提出完善我国家庭发展支持体系、提高与生育政策配套衔接的家庭发展能力、促进人口均衡发展的建议等几个方面的研究。计划生育政策是我国在20世纪70年代提出的一项基本国策，此项政策的实施及时有效地遏制住了我国的人口增长，也在一定程度上提高了我国人民的生活水平和社会的经济发展水平。但是计划生育在实施过程中，尤其是独生子女政策的实施，导致我国独生子女人数逐渐增多，家庭结构由传统的"四世同堂"转变为"4—2—1"结构。同时，也会有部分家庭遭遇独生子女死亡或者伤残的不幸，由于缺乏有效的家庭发展支持政策给予支持，这些家庭往往承担了计划生育政策带来的沉重打击，给计划生育实施的整体效果带来负面影响。[②]费孝通先生在《乡土中国 生育制度》一书中指出：在"独生子女家庭"中，独生子女是家庭基本三角中子女一代的唯一支点，一旦失去这个唯一

---

① Anna Matysiak，Letizia Mencarini. Work-family conflict moderates the relationship between childbearing and subjective well-being［J］. European Journal of Population，2016，32（3）：355-379.

② 英文泉. 基于计划生育家庭特别扶助制度若干问题的研究［J］. 临床医药文献杂志，2015（2）.

支点，就意味着整个家庭要素的缺损和"两条边"的无着落，即整个家庭的解体。① 因此，在计划生育政策下的独生子女家庭一旦面临失独境况时，仅靠家庭自我恢复和发展能力是很难克服困难的，亟须政府制定相关政策或完善相关法律给予此类家庭支持。然而当时我国关于失独扶助的政策较为缺乏，家庭发展体系建设未形成规模，家庭发展面临很多现实困难，总体来说，当时我国的家庭发展能力尚不能适应家庭发展变迁的时代需求，② 尤其是受计划生育政策影响的独生子女家庭。后来，政府和学者们逐渐认识到此类家庭的特殊困难，并给予特殊扶助。赵仲杰（2009）③ 基于北京市西城区的调查数据以及访谈材料，分析了独生子女伤残或者死亡给父母带来的困境，并对其原因进行社会学分析，从而提出针对性对策，规避独生子女的家庭风险。在法律法规层面也有明确的规定，《中华人民共和国人口与计划生育法》（以下简称《人口与计划生育法》）强调："独生子女发生意外伤残、死亡，其父母不再生育和收养子女的，地方人民政府应当给予必要的帮助。"在实施过程中，各地可以根据《人口与计划生育法》并结合当地实际情况在地方《人口与计划生育条例》中做出相关规定，这不仅使得政策更加灵活实施，也激发了学术界关于生育与家庭发展支持政策更深入和更广泛的研究。如周美林、张玉枝研究分析了计划生育家庭特别扶助制度制定的背景、定位和标准，以及其与城乡最低生活保障、社会优抚等相关社会保障制度之间的关系，重点阐述了计划生育家庭特别扶助制度与相关社会保障制度相互叠加，保持合理平衡，参照社会保障制度建立动态调整机制，并对特别扶助制度产生的积极社会效应以及存在的问题提出了有关建议。④ 刘波、袁喆研究发现，虽然广东省失独家庭扶助金水

---

① 费孝通. 乡土中国 生育制度 [M]. 天津：天津人民出版社，1989.
② 周全德. 我国家庭发展面临的挑战及社会政策支持 [N]. 中国人口报，2012-08-15.
③ 赵仲杰. 城市独生子女伤残、死亡给其父母带来的困境及对策——以北京市宣武区调查数据为依据. 南京人口管理干部学院学报，2009（2）：55-59.
④ 周美林，张玉枝. 计划生育家庭特别扶助制度若干问题研究 [J]. 人口研究，2011（3）.

平较高，但也存在着相对于消费水平来说不高的问题和困境。[①]

　　除了上述关于特殊家庭的扶助政策研究之外，还有学者倾向于对计划生育政策与家庭发展、家庭养育、家庭养老、家庭收入与消费等几个方面进行研究。如石智雷、徐玮在回顾计划生育利益导向政策的演变历程的基础上，利用我国 1991—2010 年 29 个省的面板数据，就计划生育利益导向政策对家庭发展（家庭禀赋、家庭功能、家庭策略 3 个维度）的影响进行了实证分析，其结论为：综合治理的计划生育利益导向政策比以控制人口数量为主的计划生育利益导向政策对生育水平的影响更强，并且更有利于家庭经济状况的改善；此外，在倾向于综合治理的计划生育利益导向政策的实施背景下，家庭可以调整策略。[②] 同年，石智雷在家庭发展理论和家庭可支持生计理论基础上提出家庭发展能力理论分析框架和研究思路，为研究中国计划生育政策效应提供了新的视角。基于我国 1991—2010 年省级数据进行实证研究证实，计划生育的有力实施不仅控制了我国的人口数量，还改变了不同家庭的要素构成和家庭发展的策略选择空间，但是家庭发展能力的本质特点未有根本性改变，中国家庭仍在自身的结构调整和策略重组中延续和发展。[③] 此外，李树苗、王欢从中国家庭变迁和中国家庭发展支持政策演进两个方面，以西方发达国家和中国为视角，对中国自 20世纪 80 年代起至 21 世纪初的 30 多年间的家庭发展支持政策研究进行梳理、总结和分析，提出构建中国家庭发展支持政策的建议，认为家庭发展能力应包括：基础供给能力、情感支持能力、发展能力、自我恢复能力。发展性家庭发展支持政策应该保障少数底层家庭的基础能力，同时需要关注大部分家庭中层和高层家庭能力的建设与发展，真正做到以家庭整体为目标对象，旨在增强家庭发展能力，替补与完善家庭功能，提升所有家庭

---

① 刘波，袁喆. 失独家庭经济扶助政策困境及其矫正——基于广东省 21 个市计生特殊困难家庭扶助政策的分析 [J]. 湘潭大学学报（哲学社会科学版），2019（6）.
② 石智雷，徐玮. 计划生育利益导向政策对家庭发展的影响效应分析 [J]. 南方人口，2014（1）.
③ 石智雷. 计划生育政策对家庭发展能力的影响及其政策含义 [J]. 公共管理学报，2014（4）.

成员的福利水平。^① 在计划生育政策与家庭养育的研究中，有学者发现，我国目前的家庭养育政策（如义务教育、基本生活救助、亲职福利政策、支持家庭养育的社会化照顾政策等）在很大程度上支持了家庭的发展，但是尚不能满足儿童家庭的养育诉求，主要原因在于我国的家庭养育政策注重经济补贴而忽视社会福利，此外，政策的享受需要满足很多附加条件，外来家庭与户籍家庭在福利享受上存在差异等问题也阻碍了家庭养育政策的良性实施。^② 此外，还有学者较早关注了计划生育家庭中的养老保障问题，如睢党臣、彭庆超在前人研究的基础上，以纵向对比的视角详细分析了目前农村地区计划生育家庭养老保障方面面临的机遇与挑战，并认为政府应该承担计划生育家庭的养老保障的主要责任，需要国家加大对农村养老保障的支持力度，建立与计划生育政策相衔接的养老保障制度，完善家庭养老保障体系和社区养老机构，形成多层次养老保障支撑机制。^③ 另外，也有学者关注计划生育政策对家庭收入和消费的影响，如贺丹、黄匡时基于中国家庭发展追踪调查数据，对家庭中 1980 年以后的出生人数及其兄弟姐妹情况构造了 6 类不同计划生育特征属性的家庭类型，考察了计划生育政策对家庭收入和消费的影响效应，结果显示，计划生育政策对于家庭经济收入有一定的提升作用，这种提升效应可能来自两个方面的因素：一是执行计划生育政策将育龄妇女、丈夫以及父母等家庭成员从生养两孩或者多孩的压力中解脱出来，有更多的时间去提升自身或者发展事业。二是家庭也因为计划生育政策有了很多剩余资金可用于投资，这样就提升了家庭的储蓄率和投资率。但是结果也显示，当孩子处于抚养阶段时，家庭出生人口数量的增加并不会带来人均消费的规模效应，即出生人口越多，人均

---

① 李树苗，王欢. 家庭变迁、家庭政策演进与中国家庭政策构建 [J]. 人口与经济，2016 (6).
② 许敏. 家庭变迁与地方性家庭福利政策模式的转变 [J]. 重庆社会科学，2018 (8).
③ 睢党臣，彭庆超. 新时期我国农村计划生育家庭养老面临的机遇研究 [J]. 宁夏社会科学，2015 (5).

消费并非越低。[①] 杜本峰利用国家卫生计生委 2014 年中国计划生育家庭发展追踪调查数据进行多元线性回归，研究结果显示，计划生育利益导向政策的实施对整个家庭生活水平的提高（恩格尔系数）并没有显著性的作用。[②]

人口问题决定了家庭发展支持政策的取向，人口工作向家庭发展转型是时代发展的客观要求，社会发展应该通过家庭发展得以体现，家庭发展是社会发展的微观基础。随着人口转变和现代化进程的推进，在中国，无论是城市还是农村，老龄化问题均已凸显。为应对人口老龄化问题、促进人口均衡发展、提高人口质量，我国的计划生育政策一直进行完善与创新，与此同时，与生育政策配套衔接的家庭发展支持政策也迫切需要健全与落实，尤其是当"全面两孩"生育政策实施后，育龄夫妇养育第二个孩子、赡养老人，会进一步导致生活工作负担加重，家庭发展能力将受到阻碍和挑战。[③] 尹中华探究"单独两孩"生育政策对家庭发展能力的影响，从家庭的选择成本、家庭发展策略的冲击、家庭经济能力的考验和影响、家庭保障与支持能力的影响以及家庭风险应对能力的影响等几个方面进行探究，认为"单独两孩"生育政策实施以来，家庭发展能力的不足将会制约"单独两孩"生育政策实施成效，因此在推行"全面两孩"生育政策中，政府应采取措施对家庭发展能力进行培植，避免出现"单独两孩"生育政策实施引导不足的尴尬局面。[④] 不仅如此，两孩政策还会引发家庭健康隐患。倪洪兰在研究中分析了与两孩政策相伴而生的家庭健康隐患，如生育动机与生育行为的多元化或者复杂化所带来的譬如选择性性别流产造

① 贺丹，黄匡时. 计划生育政策对家庭收入和消费的影响效应研究 [J]. 福建行政学院学报，2017（3）.

② 杜本峰，王琦霖. "全面两孩"政策背景下农村计划生育家庭发展：困境与出路 [J]. 人口与发展，2018（5）.

③ 杨成钢. 后计划生育时代的人口工作需要尽快向家庭发展转型 [J]. 人口与发展，2016（3）.

④ 尹中华. "单独二孩"政策对家庭发展能力的影响——基于对"全面二孩"政策的启示 [J]. 改革与开放，2016（11）.

成的女性身心健康问题、高龄夫妇生育孩子的健康风险问题以及两个孩子之间年龄差距太大所形成的代沟问题等，从而在此背景下提出健康家庭建设的对策与思路，如及时转变观念，树立前瞻性思维；明确健康家庭建设的责任主体；制定与完善符合中国国情的家庭发展支持政策体系，如健全完备的公共服务体系与覆盖城乡的家庭教育网络；为婚姻设置知识门槛，将婚前教育纳入其中，建立家庭学校或者家庭课堂，并进行培训与考核，进而培养称职的夫妻与合格的父母等。① 的确，在中国这样一个人口大国，必须有前瞻性、战略性的人口发展目标，在对现实进行深入观察和把握人口发展规律的基础上，对生育政策进行改革与创新、对家庭发展建设体系进行修正与完善才是可靠可行的。2016 年"全面两孩"生育政策正式实施，王培安曾指出实施全面两孩政策是必然选择，实施后的近两年，效果明显，出生人数增幅显著。此外，在计划生育服务管理改革有序进行、鼓励生育的制度体系和社会环境正在构建的背景下，与生育政策配套相关的政策需要陆续推出。② 除了相关配套政策影响生育以外，育龄父母的生育意愿也会对生育结果产生影响。张赛群基于广西壮族自治区玉林市、福建省泉州市和湖南省怀化市 3 个地区符合全面两孩政策育龄妇女关于生育两孩问题的抽样调查数据，探究了育龄妇女两孩再生育的顾虑及其影响因素。调查数据显示，育龄妇女的年龄、受教育程度、职业、职位、户口性质、健康状况和经济收入等自变量对其两孩生育顾虑都会产生一定的影响。年龄、受教育程度、职位、户口性质等因素对育龄妇女两孩生育顾虑产生正向作用，最后针对研究结果提出育龄妇女两孩生育顾虑的应对建议。③ 此外，朱荟、崔宝琛等在梳理了党的十八大以来有关生育重大决策的基础上，概括了新时代生育政策配套体系建构的理论内涵，分析了构建生育政策配套体系面临的现实挑战及其主要成因，最后，在以人民为中心

① 倪洪兰. 二孩政策与健康家庭建设 [J]. 唯实, 2016 (2).
② 王培安. 鼓励按政策生育促进人口长期均衡发展 [J]. 人口研究, 2017 (4).
③ 张赛群. 育龄妇女二孩生育顾虑及其家庭发展支持体系的完善 [J]. 社会科学家, 2017 (5).

的发展理论下阐述了新时代生育政策配套体系建构的宏观思路，并提出建构生育政策配套体系的保障措施，如加强人口战略研究、深化服务管理改革、完善基础设施建设、强化社会宣传倡导等，进而为建构生育政策配套体系的顶层设计绘制可行路径。① 王悦在研究中指出，思想观念的开放导致家庭观念意识的多样化，之前少见的丁克家庭、单亲家庭，甚至是试婚家庭等多种家庭模式涌现，由此家庭结构也呈现多样化的局面。"全面两孩"政策尽管已全面放开，但是由于女性面临"育儿—发展"难以平衡的问题，因此，与生育政策配套相关的女性发展风险和家庭发展政策支持应该得到政府的高度重视，为生育政策提供服务体系支持，建立完善包括生育支持、幼儿养育、青少年发展、性别平等、老人赡养、病残照料在内的家庭发展政策和服务体系，适当延长男性陪产假，保障女性就业，进而缓解家庭生养和照料压力。除此之外，要综合治理人口结构，平衡出生人口性别比，促进人口长期均衡发展。② 吕红平、邹超阐述了与生育政策配套相关的家庭发展支持政策的含义与目标，并介绍了国内外家庭发展支持政策的主要内容，指出在"全面两孩"政策背景下我国家庭发展支持政策存在的主要问题：缺乏专门的家庭发展支持政策；妇女权益保障政策落实和监管不到位；儿童保护政策有所弱化；家庭福利政策改革滞后等，由此提出构建有利于"全面两孩"家庭发展支持政策的建议：建立支持家庭发展的政府机构；完善家庭发展支持政策体系；努力构建和落实促进性别平等的政策法规。③

　　国外的家庭发展政策体系相对于国内较为完善，因此很多学者还通过利用国外的相关数据，研究国外生育与家庭发展支持政策之间的关系以及国外与生育相关的家庭福利政策，反思我国的家庭发展支持政策发展现状，并就此提出建议。吴帆以家庭发展支持政策背景下欧洲各国生育率变

---

① 朱荟，崔宝琛，陆杰华. 新时代生育政策配套体系建构的内涵、挑战及顶层设计探究［J］. 中共福建省委党校学报，2018（10）.

② 王悦. 对家庭发展问题与政策支持再探究［J］. 人口与计划生育，2018（7）.

③ 吕红平，邹超. 实施"全面两孩"后家庭支持政策改革与完善研究［J］. 人口与发展，2018（2）.

化为研究视角，利用经合组织和欧盟的数据库构建了家庭发展支持政策指数，并以此为基础，对欧洲 17 个国家的家庭发展支持政策与生育率之间的关系进行了比较分析，最后以欧洲一些国家深陷低生育陷阱的前车之鉴，结合中国的现实判断，认为中国已经进入了低生育陷阱的高风险期。其中，中国缺乏家庭发展支持政策的支持，尚未建立起一个完整的家庭发展支持政策体系，缺乏对家庭的有力支持是中国陷入低生育陷阱风险的主要原因之一。[①] 蒙克使用工具变量对 22 个经合组织成员的面板数据（1960—2010 年）进行了因果识别，研究结果显示，对于西方国家以提高生育率为目标的家庭发展支持政策而言，妇女劳动参与率与总和生育率之间的"反J形"关系是重要的影响因素；近几年，变量之间由负相关向正相关转变，使得家庭发展支持政策以促进女性就业的双薪型家庭发展支持政策取代鼓励妇女居家看护的通用型家庭发展支持政策，认为采取何种家庭发展支持政策来提高生育率取决于妇女劳动参与率与总和生育率之间的关系。也就是说，就业与生育之间的关系产生的反转会对家庭发展支持政策的演变产生影响，这一转变使政府可以通过促进女性就业来提高生育率，也就是说，政府可以出台相关政策在为妇女参与劳动力市场提供激励的基础上鼓励生育，如将产假期间的补助待遇与工资挂钩等。此外，笔者还考察了我国两次全国人口普查（2000 年第五次全国人口普查、2010 年第六次全国人口普查）省级截面数据，探究女性劳动参与率和总和生育率之间的关系，提出我国家庭发展支持政策制定的指导原则应该是推动女性的劳动参与，建立自己的双薪型家庭发展支持政策体系。[②] 杨菊华、杜声红通过梳理日本、韩国、新加坡等 8 个国家在假期福利、津贴补助、儿童保育、代际支持和女性就业等方面的相关政策，评估这些政策的生育效用和就业效果，认为欧洲国家的生育政策经验可以在很大程度上缓解女性在家庭与工

---

① 吴帆. 欧洲家庭政策与生育率变化——兼论中国低生育率陷阱的风险 [J]. 社会学研究，2016（1）.

② 蒙克. "就业—生育"关系转变和双薪型家庭政策的兴起——从发达国家经验看我国"二孩"时代家庭政策 [J]. 社会学研究，2017（5）.

作之间的矛盾，减轻家庭的生养负担，提高生育水平，促进人口的长期均衡发展，并总结这些国家的生育政策对中国的借鉴和启示作用，提出健全机构建设、突出公共政策中的家庭视角、灵活化产假和陪产假制度、力推夫妻共担抚育责任，完善托育服务体系等措施，以期推动中国生育支持家庭政策体系的尽快建立与完善，提升家庭长期发展能力。[①] 汤兆云、邓红霞分析了日本、韩国和新加坡人口低生育水平的现状，总结了日本、韩国和新加坡家庭发展支持政策的经验，认为这些国家的家庭发展支持政策的做法和成效尽管不同，但是其成功经验对于中国完善家庭发展支持政策具有借鉴意义。[②]

三、关于家庭发展支持体系的研究主题

(一) 关于家庭发展支持体系内容的研究

学术界的研究主题主要有以下几个方面：一是从关注家庭规模、结构变化出发，强调家庭发展支持体系在与生育政策配套衔接过程中的能力建设；二是重视家庭发展支持体系对家庭中育龄妇女、儿童、老人等特殊人群的影响，强调家庭福利体系建设对于家庭发展支持体系的重要作用；三是从关注女性在生育政策调整完善过程中面临的家庭、职业上的问题，强调应对现代社会风险的家庭发展支持政策的现代化建设。《中共中央 国务院关于实施全面两孩政策 改革完善计划生育服务管理的决定》从生育支持、幼儿养育、青少年发展、老人赡养、病残照料等方面，提出构建有利于计划生育的家庭发展支持体系。杨慧认为，计划生育家庭奖励扶助政策体系和特别扶助制度也是家庭发展支持体系的重要组成部分，应该得到进一步的强化。

(二) 关于家庭发展支持体系实施进程的研究

为保障生育政策顺利实施，国家在不同时期对实行计划生育的家庭予

---

① 杨菊华，杜声红. 部分国家生育支持政策及其对中国的启示 [J]. 探索，2017 (2).

② 汤兆云，邓红霞. 日本、韩国和新加坡家庭支持政策的经验及其启示. 国外社会科学，2018 (2).

以适当的经济物质补偿，逐渐形成了与生育政策配套衔接的家庭发展支持体系。20世纪50年代中后期至80年代初期，国家对实行避孕节育手术的夫妇或家庭给予一定的经济补偿。随着1980年后全面计划生育政策的实施，国家实行了一系列约束性与激励性相结合、以利益导向为主的奖励扶助政策体系。研究文献显示，奖励扶助政策体系在调动人民群众实行计划生育积极性、解决部分计生家庭实际困难等方面发挥了积极作用，但相对于社会经济发展状况、消费水平以及人们的预期程度，还存在着奖扶标准过低、覆盖面窄、受益滞后等问题；但是，该制度仅是对实行计划生育个体及家庭的经济补偿制度，没有形成完整的家庭发展支持体系。党的十八届五中全会提出构建与生育政策配套衔接的家庭发展支持体系以来，各地出台了一些相应的实施办法，初步形成了家庭发展支持体系。

（三）关于家庭发展支持体系效应的研究

家庭发展支持体系效应，主要通过育龄妇女再生育意愿和实际生育行为表现出来。从理论上来说，家庭发展支持体系的有效实施能够在一定程度上缓解育龄妇女两孩生育中家庭与工作之间的矛盾，减轻家庭的生育抚养负担，进而提高总和生育率和生育水平，促进人口的长期均衡发展。与生育政策配套衔接的家庭发展支持体系建立时间不长，虽然国家明确了总体的制度框架，但还缺乏系统的、针对性强的政策安排和实施办法，对育龄妇女两孩生育发挥的激励作用有限。

四、国内外文献研究述评

综上所述，国外关于生育与家庭发展支持政策的研究视野较为开阔，特别是解释特定的家庭发展支持政策与生育结果之间的实证研究，此领域的研究较为广泛，主要原因是国外家庭发展支持政策的主要实施目的是刺激生育，提高生育率。由此，越来越多的学者利用国外的相关数据（国家公开数据、问卷数据等）探究家庭发展支持政策的实施是否提高了生育率以及某一项家庭发展支持政策的实施对生育结果的影响。但是，不同学者的研究结果存在差异，不同国家的研究结果也存在差异，家庭发展支持政策对生育结果的影响并没有形成统一的积极答案。然而，不可否认的是，家庭政策的实施在一定程度上阻止了出生人数下降。概括来说，国外的家庭发展支持政策几乎都包括了3个方面的内容：对工作—家庭平衡的支持、对儿童养育发展的支持、对育儿家庭的财政支持。这3个支持政策影响了生育决策的几个关键因素，即生育成本、儿童养育发展和生育福利，由此产生了3种激励：一是降低了生育成本（包括机会成本和直接成本）；二是改善了儿童的养育环境，并通过儿童发展政策提高了父母对子女的发展预期；三是提高生育福利，对生育家庭的财政支持直接减少了生育家庭的经济负担。同时，这也刺激了国外部分学者关注于生育率与家庭发展支持政策其他方面的研究，以期完善家庭发展支持政策。

而国内的相关研究发现了其中的现实困境，并就此提出针对性建议，还有学者关注计划生育政策与家庭（家庭养育、家庭养老、家庭收入与消费等）其他方面的研究，实证研究和定性研究皆有。实证研究的数据多采用宏观的统计数据或者问卷数据，运用的方法较为单一，得出的结果多为计划生育的实施对家庭发展能力存在积极效应。但是我国的家庭发展支持政策体系有待完善，家庭发展能力不足将会大大制约我国生育政策的有效实施，使得政策落实效果达不到政策预期。此外，鉴于国内生育政策不断创新，但与之配套衔接的家庭发展支持体系相对滞后，加之女性知识水平不断提高，女性就业选择空间拓宽、生养幼儿成本高涨等因素导致年轻夫妇生育两孩的意愿较低，这将在一定程度上阻碍人口的均衡发展。同时，由于国外相对于国内在家庭发展体系建设方面较为成熟，尤其是欧洲等发达国家，所以也引起国内很多学者关注于研究国外的家庭发展支持政策，并从中汲取经验后结合国内现状，以期为我国家庭发展支持体系的建设提供可行性建议。但是纵观国内研究现状，可以发现，国内的相关研究多集中在宏观层面，缺乏可支撑论点的微观数据，因此未来的研究可以尝试打破表层宏观视角局限，数据上可往微观深层次挖掘，国外经验可借鉴但更要符合国内家庭发展现状，贴合国内传统家庭发展模式，增强政策实施的可行性。

从上述代表性研究文献可以看出，学术界对全面两孩政策背景下家庭发展支持体系的分类、内容特征、实施情况及其政策效应等进行了一定程度的研究。但由于研究视角、研究方法以及数据来源的差异，学术界关于全面两孩政策背景下家庭发展支持体系的研究结论见仁见智。基于一段时期以来家庭发展支持体系不甚理想的政策预期和政策效应，本研究在以下几个方面还有进一步拓展的空间：①通过对有代表性地区若干符合生育政策的生育主体进行问卷调查，定量分析两孩生育主体的生育顾虑、影响因素，以及对生育行为的可能性影响；②基于两孩生育主体的自身诉求，建立健全能够解决生育顾虑的、有着切实可行内容的家庭发展支持体系；③两孩生育主体涉及质性差异甚大（如地区、年龄、职业、经济状况、健康状况等）的不同群体，构建针对不同群体的家庭发展支持体系尤为重要；④全面两孩政策背景下家庭发展支持体系要取得预期的政策效应，有效的保障机制具有重要意义。

第四节　研究内容及研究方法

一、研究内容

针对全面两孩政策实施以来家庭发展支持体系不甚理想的政策预期和政策效应，在问卷调查的基础上，分析两孩生育主体（包括育龄妇女和其家庭成员）的生育顾虑及其影响因素，完善包括生育支持、幼儿养育、青少年发展、老人赡养、病残照料等内容在内的家庭发展支持体系；针对两孩生育主体质性差异甚大的现实情况，建立健全全面两孩政策背景下家庭发展支持体系正常运行的有效保障机制。主要有以下几个方面的内容。

①通过文献资料检索和分析，梳理研究现状，并对现有家庭发展支持体系实施的政策效应进行评估；②选择东部、中部和西部地区若干两孩生育主体（包括育龄妇女和其家庭成员）进行问卷调查，设置相应的自变量、因变量，分析两孩生育主体的生育顾虑及其影响因素，并定量分析两孩生育主体生育顾虑对其生育意愿和实际生育行为的影响，在此基础上，

总结现行家庭发展支持体系的不足之处；③基于两孩生育主体（包括育龄妇女和其家庭成员）的自身诉求，从生育支持、幼儿养育、青少年发展、老人赡养、病残照料等方面，建立健全能够解决两孩生育主体生育顾虑的、与生育政策配套衔接的家庭发展支持体系；④针对质性差异程度较大（如地区、年龄、职业、经济状况、健康状况等）的两孩生育主体，建立健全针对不同群体的、有差别的家庭发展支持体系；⑤建立健全家庭发展支持体系运行的有效保障机制。

研究内容框架如图1-2所示。

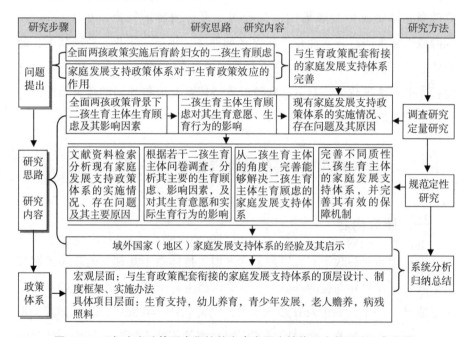

图1-2　"与生育政策配套衔接的家庭发展支持体系完善研究"框架图

在此基础上，本研究拟达到以下3个目标：①通过对不同地区若干两孩生育主体的调查，分析他们的生育顾虑及其影响因素，并定量分析两孩生育主体生育顾虑对其生育意愿和实际生育行为的影响，在此基础上，总结现行家庭发展支持体系的不足之处；②从生育支持、幼儿养育、青少年发展、老人赡养、病残照料等方面，建立针对不同两孩生育主体的有差别的、与生育政策配套衔接的家庭发展支持体系；③建立健全家庭发展支持体系运行的有效保障机制。

本研究以与生育政策配套衔接的家庭发展支持体系完善为研究对象。首先，对文献资料和相关基础理论进行检索、梳理，构建家庭发展支持体系的理论基础，探讨家庭发展支持体系运行的机制和适应策略。其次，对与生育政策配套衔接的家庭发展支持体系的实践进行回顾，探讨在新的社会经济和人口态势下与生育政策配套衔接的家庭发展支持体系的实施模式及运行机制。再次，选择若干两孩生育主体进行问卷调查，分析两孩生育主体的生育顾虑及其影响因素，并定量分析两孩生育主体生育顾虑对其生育意愿和实际生育行为的影响。然后，运用参与式评估方法，从政策和社会经济两个维度对现行家庭发展支持体系的政策效应进行评估，刻画家庭发展支持体系的政策传导和社会动态过程，揭示问题和"瓶颈"。最后，完善家庭发展支持体系模式，提出家庭发展支持体系运行的系列保障措施。

在此基础上，本研究拟突破的重点与难点主要有以下3个方面：①问卷调查两孩生育主体（调查样本）的选择，自变量和因变量的设置：两孩生育主体（包括育龄妇女和其家庭成员）不仅有着年龄、职业、经济状况、健康状况等质性差异，且其生育顾虑、生育意愿也有一定的差别；选择恰当的两孩生育主体（调查样本），并设置恰当的自变量和因变量，运用恰当的分析方法，对于得出相对合理的研究结论具有重要意义。②对现有家庭发展支持体系政策效应的评价。本研究从生育政策和社会经济两个维度评价家庭发展支持体系是否实现了预期目标，但由于现有家庭发展支持体系实施时间不长，且评价标准存在着一定的差异性，可能会影响政策效应评价的客观性和准确度，这一方面是本研究的重点、难点。③针对不同的两孩生育主体，从生育支持、幼儿养育、青少年发展、老人赡养、病残照料等方面建立的与生育政策配套衔接的家庭发展支持体系，应该同时兼有可行性和成效性。

二、研究方法

为了达到以上研究目的，本研究采用以下方法：①调查研究法：采用经验分层和非随机抽样方法（非随机抽样，亦称"判断抽样"，是研究者根据自己的专业知识、经验、态度或观点来确定调查对象或抽取样品的方法），拟对我国东部、中部及西部地区的若干两孩生育主体（包括育龄妇女和其家庭成员）进行问卷调查；②定量分析法：以调查数据以及现有数据为基础，建立合适的自变量、因变量，利用相关统计方法分析两孩生育主体的生育顾虑及其影响因素，并定量分析两孩生育主体生育顾虑对其生育意愿和实际生育行为的影响；③参与式评估：选择若干两孩生育主体，通过直接观察法、小组座谈讨论、采访主要知情者、大事记及 SWOT 分析①等参与式评估方法，获得重要且关键的信息，从而了解家庭发展支持体系复杂而清晰的社会动态过程。此外，本项目还采用了案例分析法和比较研究法，与上述方法互相支持、互相补充。

---

① SWOT 分析法（SWOT 分别代表：Strengths 即优势、Weaknesses 即劣势、Opportunities 即机会、Threats 即威胁）又称为态势分析法，是一种能够较客观而准确地分析和研究一个单位现实情况的方法。其通过对被分析对象的优势、劣势、机会和威胁等进行综合评估与分析得出结论，通过内部资源、外部环境有机结合来清晰地确定被分析对象的资源优势和缺陷，了解对象所面临的机会和挑战，从战略与战术两个层面调整方法、资源，以保障被分析对象的实行，从而达到所要实现的目标。

第二章　我国人口生育政策的制定、实施与完善

第一节　公共政策、人口政策和生育政策的厘定

一、公共政策

执行公共政策是一种同人类社会的生存与发展息息相关的现象。尤其是在阶级、国家出现以后，在一个国家的管理活动中，始终贯穿着公共政策的制定和执行。公共政策是国家管理的重要手段和重要内容。毛泽东同志曾说，"政策是革命政党一切实际行动的出发点，并且表现于行动的过程和归宿。一个革命政党的任何行动都是实行政策。不是实行正确的政策，就是实行错误的政策；不是自觉地，就是盲目地实行某种政策。所谓经验，就是实行政策的过程和归宿。政策必须在人民实践中，也就是经验中，才能证明其正确与否，才能确定其正确和错误的程度。但是，人们的实践，特别是革命政党和革命群众的实践，没有不同这种或那种政策相联系的。因此，在每一行动之前，必须向党员和群众讲明我们按情况规定的政策。否则，党员和群众就会脱离我们政策的领导而盲目行动，执行错误的政策。"① 从这段精辟的记述中可以看出，政策既可以是对行动的规划和指导，也可以是实际行动过程本身，既可以是明确宣布的，也可以是隐而不彰的。

---

① 毛泽东. 毛泽东选集（第 4 卷）［M］. 北京：人民出版社，1991：1286.

在认识公共政策的过程中，"公共政策"一词是政策科学的核心概念，其定义是否准确、是否清晰，关系到整个公共政策科学建立的逻辑起点与发展的成熟度。但是由于不同的学者从不同的角度出发，所强调的侧重点有差别，公共政策的定义也就多种多样。虽然这让人难以对此有一个统一的标准，但正是这种多角度的立足点和认识成果对公共政策的各个侧面的揭示，从而使我们达到更全面、更深刻认识公共政策的目的。具体而言，这些不同学者的认识可从中外两个方面进行介绍和比较，并借此提出一个合理而科学的概念。从现有的文献资料来看，研究者们关于公共政策主要是从以下3个方面进行定义的：①以威尔逊、伊斯顿为代表的以"管理职能"为中心内容的界定；① ②以拉斯威尔、安德森为代表的以"活动过程"

---

① 美国学者 W. 威尔逊认为，公共政策是具有立法权的政治家制定出来的由公共行政人员所执行的法律和法规。在威尔逊看来，公共政策主要是一些法律和法规；这些法律与法规又是由政治家制定出来的，并且只是交给公共行政人员去执行的。这个定义体现了行政与政治二分法的思想，将制定政策看作政治家的活动，当然将执行政策看作行政机关的活动。这个观点在现在看来显然不够全面，因为随着社会事务的日益复杂，行政机关在现代社会是主要的政策制定者，担负了政策制定的主要任务，如果将行政机关排除在政策制定主体之外显然有失偏颇。这个定义的问题在于公共政策不仅要分配价值，也要创造价值。另外还有其他学者的看法。从总体上讲，由于侧重点不同，使得这些经典的定义都不同程度地带有一定的片面性，但也反映出了公共政策的一些共同特征。例如，第一，公共政策的公共性，即它是由政府这样的公共机构对社会问题进行管理时所采用的手段。这不同于社会上其他组织或个人的问题处理方式。第二，公共政策是一个过程性的活动，它可以由一系列的环节组成。这些为我们理解公共政策的实质提供了一些启示。美籍加拿大学者戴维·伊斯顿说，公共政策是对社会的价值做有权威的分配。这类界定强调的是：公共政策是政府为解决社会发展中的重大问题而实施的规范控制手段；公共政策是政府从自身利益和公众利益出发进行的具体管理；公共政策是以政府为主的由各种利益个体与群体参与的管理活动。

为中心内容的界定;① ③以我国国内多数学者为代表的、以"行为准则"为中心内容的界定。② 以上 3 类关于公共政策的定义，由于角度不同及价值利益取向的差异，有各自的特点。其共同性在于，它们都强调了公共政策是与以政府为主的公共部门的活动联系在一起的。

制定公共政策的目的在于解决社会公共问题，平衡、协调社会公众利

---

① 拉斯威尔与亚伯拉罕·卡普兰认为：公共政策是"具有目标、价值与策略的大型计划"。詹姆斯·E. 安德森认为，"公共政策是一个有目的的活动过程，而这些活动过程是由一个或一批行为者，为处理某一问题或有关事务而采取的"。卡尔·J. 弗里德里奇认为，"政策是在某一特定的环境下，个人、团体或政府有计划的活动过程，提出政策的用意就是利用时机、克服障碍，以实现某个既定的目标，或达到某一既定的目的"。这类界定强调的是：公共政策是政府有明确目标的活动；公共政策是政府运用大量资源，通过相关的规定、措施来实施决定的活动过程；公共政策是包括决定、实施等环节在内的具有连续性的活动过程。因为公共政策是针对未来的，公共政策通常有计划性。但是，公共政策除了有计划方案之外，还应当有执行的步骤，否则公共政策就无法落实。

② 林金德认为："政策是管理部门为了使社会或社会中的一个区域向正确的方向发展而提出的法令、措施、条例、计划、方案、规划或项目。"孙效良认为："政策，是决策者为了实现一定的任务，根据客观情况制定的行动方向和行为准则。"陈庆云认为："公共政策是政府依据特定时期的目标，在有效增进与公开分配社会公共利益的过程中所制定的行为准则。"张金马认为："公共政策是党和政府用以规范、引导有关机构团体和个人行动的准则和指南。其表现形式有法律规章、行政命令、政府首脑的书面或口头声明与指示以及行动计划和策略等。"伍启元认为："政策是行动或活动的指引、引导或指示，公共政策是一个政府对公私行为所采取的指引。"王传宏、李燕凌等认为："公共政策是社会公共权威部门在特定的条件下，为达到一定目标而制订的行动方案或行动准则。"这一归纳得出的公共政策内涵包含了 3 个要点，即欲达到的目标或目的、为达成目标而做的宣示或拟采取的行动，以及由政策声明所引发的权威性的实际的政策行动。可见，这类界定强调的是：公共政策是政府为实现某一目标而制定的谋略；公共政策是引导个人和团体行为的准则；公共政策是管理部门保证社会或某一区域向正确方向发展的行动计划或方案。从我国学者的分析可以看出，我们大多强调政党和政府的政策主体地位，却忽视了社会上其他政策主体的重要性。另外，我们对政策的过程性重视不够。由于公共政策的实施环境不同，许多学者在下定义时从不同的实际背景出发得出的结论也因此受限。那么结合以上几种定义，我们可以这样说，公共政策是国家、政党及其他政治团体在特定时期为实现或服务于一定社会政治、经济、文化目标所采取的政治行为或规定的行为准则，它是一系列谋略、法令、措施、办法、方法、条例等的总称。

益。实现过程主要依靠其实现政策的手段，即公共政策不仅包含目标，也包括为实现目标所必须采取的手段。由于同一公共政策所面对的是在不同空间、不同时间分布上存在差异性的政策客体，且在执行时所能实际提取的资源是不同的，再加上公共政策的执行者对政策目标的理解是不一样的，因而在实施同样的公共政策时所采取的行动路线、策略、方法、措施可能是多种多样的。

从公共政策的定义中可以知道，公共政策本身包含着公共政策主体、公共政策客体、公共政策目标以及影响公共政策制定和实施的一系列因素。这些因素之间的相互联系和相互作用，使得公共政策系统表现为一个动态的运行过程。公共政策的实施和目标都是同公共政策的运行联系在一起的，只有在公共政策的运行过程中，才会形成一定的政策体制。公共政策运行过程表现为多个阶段或者环节，这些环节和阶段的有序衔接，构成一个公共政策完整的运行周期。

公共政策运行过程是一个多种力量相互博弈的过程，有多种主体参与其中，共同作用于公共政策运行过程。它包括立法机关、政府、司法机关、政党、利益集团、公民以及新闻媒体等在内的组织或者个人，这些组织和个人直接或间接地参与、影响公共政策的运行过程，共同构成了公共政策的主体。同时，公共政策又是针对一定的社会问题而制定的，有一定的作用对象，还必须在一定的环境条件下运行。

关于公共政策运行过程的阶段或环节，德罗尔在《公共政策制定检讨》一书中，将其分为4个阶段18个环节：元政策制定阶段、政策制定阶段、后政策制定阶段、反馈阶段。① 我国台湾地区学者伍启元认为，公共

---

① 元政策（是指相对于总政策、基本政策和具体政策而言的一种总的政策）制定阶段，即对制定政策的政策进行分析，包括处理价值，处理问题，调查、处理和开发资源，设计、评估与重新设计政策系统，确认问题、价值和资源，决定政策战略等环节；政策制定阶段，包括资源的细分，按优先顺序建立操作目标，按优先顺序确立其他一系列主要的价值，准备一组方案，比较各种方案的预测结果，并选择最好的一个，评估这个最优方案并确定其好坏等7个环节；后政策制定阶段，包括发起政策执行、政策的实际执行、执行后的评估3个环节；反馈阶段，指多层面联结所有阶段的交流与反馈。

政策的运行过程包括：问题的发生、问题的列入议程、政策分析、政策的采用和制定、政策的执行、政策的评估、政策的修改与变更、政策的终结等阶段。① 胡宁生将公共政策运行过程分为 4 个阶段 11 个环节。②

制定公共政策的目的是解决社会公共问题，制定政策前首先要认清问题。当社会问题只影响到与其有直接关联的群体时，这类社会问题的涉及面还是比较窄的，不能称为公共社会问题。有着广泛影响，迫使社会必须认真对待的问题，称为社会公共问题。但并不是所有的社会公共问题都能成为公共政策问题，只有那些特定的、由政府列入政策议程并采取行动、通过公共行为加以解决的社会公共问题才是公共政策问题。社会公共问题的解决依赖于国家和政府的力量，只有国家和政府才能拥有解决社会公共问题的资源、手段和能力。这一过程也就是公共政策问题的形成过程。当这些社会问题通过各种方式被纳入政府议程，成为公共政策问题后，就会进入公共政策制定程序。

公共政策制定，是指从发现问题到出台政策方案的一系列活动过程，包括界定问题、建立议程、设计方案、预测结果、比较和选择方案以及方案的合法化等环节。为了解决一定的公共政策问题而制定了公共政策以后，执行问题就显得非常关键了。公共政策的制定过程包括"提出问题、确定目标、拟订方案、优选方案、实施政策" 5 个步骤。决策是一个过程，包括 4 个主要阶段，这些阶段与人类解决问题的思维过程诸阶段之间有着紧密的联系。正如思维离不开语言一样，决策作为一种复杂的思维过程也需要一种语言，或者说需要通过一定的模型来表达。通过比较现状与目标间的差距发现问题，根据问题的特征设计出几个可行方案，每个方案都对应一个最终的效果，而方案的实现具有一定的概率，决策者在权衡各方案

---

① 甘华鸣. 公共政策 ［M］. 北京：中国国际广播出版社，2002:7-8.

② 公共政策的问题与议程，包括公共问题确认、公共政策诉求、公共政策议程；公共政策的规范与决定，包括公共政策规划、公共政策选择、公共政策决定、公共政策宣示；公共政策的实施与调整，包括公共政策实施、公共政策调整；公共政策的评估与终结，包括公共政策评估、公共政策终结。见：胡宁生. 现代公共政策研究 ［M］. 北京：中国社会科学出版社，2000:116-117.

时，除了要考虑方案实现的平均收益外，有时还会加入主观的倾向和偏好，最后的选择是在全面衡量各方案的利弊，并参照目标要求的基础上做出的。把这一过程加以抽象就得到了决策树。决策树是一种探索式决策过程的模型，实际上它早已存在于人们的思维过程中，一直被决策者有意无意地使用着。灵敏度分析法是电力系统规划决策以及运行控制中常用的方法，它通过分析某项运行指标与控制变量的关系来确定该变量对系统的影响，从而进一步提出改善该运行指标的措施，在公共政策的制定过程中也被广泛运用。

只有公共政策得到比较好的或者完全的执行，制定政策时确定的目标才能实现。事实证明，许多国家在公共政策的预期目标和最终实现的结果之间会有或大或小的偏差。一项政策的制定并不等同于政策的执行，更不能够等同于问题的解决，政策执行的力度与问题的解决息息相关。随着社会的进步，人们也越来越意识到对公共政策的执行问题。比如，琼斯认为：政策执行是执行某一项政策付诸实施的各项活动；马杰和图尔认为：政策执行是执行某一项政策所做的各项决定；保罗·A.萨巴蒂尔和丹尼尔·A.马兹曼尼安则指出：可以将政策执行视为这样一个过程，即用法律、上诉法院决定、行政命令，或者用议会决定、内阁政策令的形式，实施一种基本政策决定的过程。①

关于公共政策研究的途径，不同学者有不同的观点。托马斯·戴伊认为公共政策有8种研究途径：制定途径、过程途径、集团途径、精英途径、渐进途径、对策途径、系统途径和理性途径；安德森将公共政策研究途径归纳为5种理论：政治系统理论、团体理论、杰出（精英）人物理论、功能过程理论、制度化理论。

现实社会中还存在一种狭义的社会生活，它是由各种社会关系组成的一个系统。在这个系统中存在和发挥作用的因素是多种多样的，其中重要的有人口因素、种族因素、医疗卫生因素、劳动就业因素、福利保障因

---

① 王传宏，李燕凌. 公共政策行为［M］. 北京：中国国际广播出版社，2002：239－240.

素、社会安全因素等。这些因素与人民的衣食住行、生老病死密切相关，与社会的稳定、有序运行和发展紧密相连，并由此产生一系列的社会问题。解决这些社会问题的政策，统称社会政策。任何一种社会政策，都以一定的社会问题为解决对象。社会问题的存在导致了社会政策的产生，社会政策的实施又有利于社会问题的解决。解决社会人口问题的政策，一般称为人口政策。

二、人口政策

如前所述，人口政策是公共政策的重要组成部分。

关于人口政策的定义，有学者认为，人口政策是一个国家或地区用来影响和干预人口运动过程以及人口因素发展变化的法规、条例和措施的总和。① 杨魁孚认为，人口政策是一个国家为了对本国人口发展过程施加影响和干预而做出的具有法令性的规定。② 侯文若认为，人口政策是一个国家的统治阶级为维护统治利益，对人口发展过程施加影响和干预而做出的具有法令性的规定。③ 陈正认为，政策是指包括政府在内的各种社会机构、组织等为达到其特定的目标所制订的计划或行动纲要，当这些计划或行动纲要涉及人口的规模、分布结构等时，就称为人口政策。④ 根据公共政策内涵所包含的特点，笔者认为人口政策包括两个方面的内容：一是实施政策的行为主体对其人口发展过程和行为所持的态度，即政府主观态度；二是实施政策的行为主体为影响或制约人口发展过程和行为所制定的法令、法规及措施的总和，即政府所采取的客观行为。

关于人口政策的分类，甘华鸣等把人口政策分为人口增殖和人口控制政策、公开的和倾向性的人口政策、全国和地区的人口政策以及广义的和狭义的人口政策、直接和间接的人口政策。根据一国政府对人口增殖或人

---

① 张纯元. 中国人口政策演变过程 ［M］. 于学军，解振明主编. 中国人口发展评论：回顾与展望 ［M］. 北京：人民出版社，2000:2.

② 杨魁孚. 中国人口问题论稿 ［M］. 北京：中国人口出版社，1997:74.

③ 侯文若. 中国人口政策评估 ［J］. 人口研究，1988（6）.

④ 陈正. 人口生育政策的评价方法研究 ［J］. 人口学刊，2000（5）.

口控制所持的态度，可将其分为公开的人口政策和带倾向性的人口政策。公开的人口政策有其明显特征：政府对鼓励人口增殖或控制人口增长所持的态度始终十分明朗，并公开做出政策声明；政府积极采取一系列配套措施，以促使人口出生率和自然增长率提高，或者促使人口出生率和自然增长率降低；政府设有专门机构负责对人口政策的执行和检查；人口政策的推行有政府颁布的法律支持。带倾向性的人口政策是指一国政府虽然没有制定明确的鼓励或者抑制人口增长的政策，也没有正式颁布什么人口措施，但从其实行的社会政策措施，以及对民间家庭生育机构的态度，便不难发现它对人口发展的倾向性，也就是说，可以看出它倾向于更多地增殖人口还是控制人口增长。由于各个国家内的人口分布不一样，人口所生活的具体社会经济、文化条件不一样，加上一个国家的民族成分不同，因此制定人口政策时根据这些情况，有时就是既有全国的人口政策，又有各地制定出的适合本地情况的人口政策。狭义人口政策主要指涉及人口生产和再生产的相关政策，如生育政策、死亡政策、优生政策和婚姻家庭发展支持政策，等等；广义人口政策除这些内容外，还包括劳动力的生产和再生产、人口迁移与分布、人口教育与就业、人口福利以及与人口有关的公共政策，来指导和控制国家人口的发展走向；间接人口政策只是通过宣传和技术的方式去实现人口目标，而不是法律的、行政的、经济的强制。[①] 根据这个分类标准，对照我国人口政策的主要内容，可以看出，其属于公开的、全国性的、狭义且直接的人口控制政策。

三、生育政策

在构成狭义人口政策的所有要素中，人口生育政策是其最直接、最具体和最重要的因素。有学者认为，生育政策是指一个国家或地区从社会的、经济的、政治的、资源的、生态环境的综合战略利益出发，同时考虑

---

① 甘华鸣. 公共政策 [M]. 北京：中国国际广播出版社，2002:438-440.

到大多数群众的接受程度，对其人口的生育行为所采取的政府态度。[①] 可以说，作为人口政策最重要组成部分的生育政策，是指一个国家或地区从社会的、经济的、政治的、资源的、生态环境的综合战略利益出发，同时考虑到大多数群众的接受程度，对其人口的生育行为所采取的政府态度，[②]以及国家直接调节和直接影响人们生育行为的法令和措施的总和。[③]

在内容分类方面，生育政策和人口政策也有不同之处。王冰把人口政策的内容分成 9 个方面，即婚姻方面、生育方面、避孕节育流产方面、健康方面、人口分布和移动方面、就业方面、社会福利和社会保险方面以及与人口有关的其他一些公共政策方面的内容，诸如税收、征兵、粮食、住房、土地、资源、民族等。[④] 王冰认为生育政策内容属于人口政策内容的一个方面，虽然在中国现阶段"生育行为直接影响人口过程"，"人口政策的内容里面，生育方面的内容是最直接和最重要的方面"，但它们依旧是属于全集和子集的关系，两者之间不能画等号。张纯元将人口政策分成 4 种类型，即广义人口政策和狭义人口政策、鼓励人口增殖政策和限制人口增殖政策、公开的人口政策和隐蔽的人口政策、全国性人口政策和地区性人口政策。他认为，"狭义人口政策是影响和干预人口自身生产和再生产过程的人口政策，其作用结果直接制约和影响着人口自然变动过程的数量和质量。狭义人口政策包括生育政策、死亡政策、优生政策和婚姻家庭发展支持政策。生育政策是狭义人口政策的主导或核心政策"[⑤]。张纯元把生育政策内容作为和广义人口政策相对的狭义人口政策内容中的一部分，从中我们可以看出，即使生育政策是狭义人口政策的主导或核心部分，但人口政策本身还应包括除生育政策之外的死亡政策、优生政策和婚姻家庭发展支持政策等。杨魁孚也把人口政策分为狭义人口政策和广义人口政策，

---

①② 冯立天，马瀛通，冷眸. 50 年来中国生育政策演变之历史轨迹［J］. 人口与经济，1999（2）.

③ 阎海琴. 生育政策的哲学思考［J］. 贵州社会科学，1993（2）.

④ 王冰. 人口政策的内容、分类和特点［J］. 西北人口，1985（2）.

⑤ 张纯元. 中国人口政策演变过程［M］. 北京：人民出版社，2000:2.

他认为，"广义人口政策是指比人口再生产更广泛的人口与社会活动的政策。它包括：人口社会变动方面的政策，如职业、行业、城乡人口转化、人口城镇化等；人口自然变动的政策，如婚姻、家庭、生育、死亡等；人口迁移变动方面的政策，如人口的地区分布，国内、国际迁移，侨居等；人口社会活动方面的政策，如普及教育、劳动就业、户籍管理、医疗卫生、退休安置、孤寡老人社会保障、残疾人社会保障等"[①]。杨魁孚将生育政策内容归属为广义人口政策中的人口自然变动政策内容，它和人口社会变动、人口迁移变动、人口社会活动方面的政策内容共同构成了广义的人口政策。因此，人口政策的内容是包括生育政策内容在内的一个大的概念，生育政策内容所调节或影响的"人口生育行为"仅是人口政策所调节或影响的"人口发展过程"内容中的一部分。

从以上关于人口政策、生育政策内容的分析中，可以看出人口政策和生育政策的不同之处，即人口政策能够全方位影响和干预人口发展过程中的各个因素，它不仅要调节和影响人口的生育行为，而且要调节和影响人口数量、人口质量、人口性别、人口构成和人口分布等各个因素。也就是说，人口政策不仅局限于对人口生育行为的调节或影响，还包括调节和影响在人口发展过程以及人口因素发展变化中涉及的人口与社会、人口与经济、人口与自然环境等相关因素。而生育政策则是实施政策的行为主体对其人口生育行为所持的态度，或者说是实施政策的行为主体为影响和调节人口生育行为所制定的法令及措施的总和。因此，可以这样定义人口政策和生育政策：人口政策是实施政策的行为主体对其人口发展过程所持的态度，或者说是实施政策的行为主体为影响或制约人口发展过程所制定的法令、法规及措施的总和；生育政策是实施政策的行为主体对其具体的人口生育行为所持的态度，或者说是实施政策的行为主体为影响或制约具体的人口生育行为所制定的法令、法规和措施的总和。[②] 两者的不同之处在于

---

① 杨魁孚. 中国人口问题论稿：人口与计划生育干部读本 [M]. 北京：中国人口出版社，1997:74-75.

② 汤兆云. 当代中国人口政策研究 [M]. 北京：知识产权出版社，2005:10-16.

其基点分别是影响或制约"人口发展过程"和"人口生育行为",而"人口生育行为"内容属于"人口发展过程"内容的一部分。另外,虽然人口政策和生育政策之间有一定的区别,但在中国现阶段,由于"人口生育行为直接影响人口过程","人口政策的内容里面,生育方面的内容是最直接的和最重要的方面","生育政策是狭义人口政策的主导或核心政策"。因此,如果撇开其他因素不谈,人口政策和生育政策在一定程度上具有一定的同一性。

第二节 我国生育政策的制定和实施

在我国现阶段,由于生育政策直接影响我国人口生育行为和人口过程,即影响我国人口数量的控制和人口质量的提高。因此,人口生育政策是我国人口政策最直接和最重要的方面和内容。我国生育政策的制定和实施主要分为以下几个主要时期。

一、中华人民共和国成立初期,政府有关部门从维护妇女健康的角度出发,颁布的限制打胎、节育及人工流产等规定,在理论和实践上执行着一条不成文的鼓励人口增长的政策

中华人民共和国成立前,中国人口一直未得到准确的统计数据。中华人民共和国成立之际,一般认为中国人口数为"4万万"左右。[①]

从中华人民共和国成立初期到1953年,政府着力于恢复和发展工农业生产,社会实践还难以提出一项明确的人口政策和生育政策。在上述历史背景下,中华人民共和国政府自然不会产生限制人口增长和节制生育的决

---

① 1953年,全国第一次人口普查数据显示:全国人口总数为 58 260 万人,其中男、女分别为 30 179 万人、28 081 万人,15—49岁育龄妇女人数为 13 314 万人;少数民族人口数为 3 532 万人;城市人口占 13.26%,农村人口占 86.74%。同时,在29个大中城市、宁夏全省,其余各省每省选 10 个县进行人口普查,另有 35 个县只查1区、2镇、58 个乡、91 个村,共有人口 3 081 万人,得出出生率为 37.0‰,死亡率为 17.0‰,人口自然增长率为 20.0‰。

策意识；相反，政府有关部门从维护妇女健康的角度出发，颁布的限制打胎、节育及人工流产等规定，在理论和实践上执行着一条不成文的鼓励人口增长的政策。

1950 年 4 月 20 日，中央人民政府卫生部、中国人民革命军事委员会卫生部联合发布了《机关部队妇女干部打胎限制的办法》。该办法以保障妇女生育安全、保护母亲和婴儿的健康为前提原则，明令禁止非法打胎，并对妇女打胎、节育及人工流产做出了非常详细的限制性规定：在打胎前必须经孕妇丈夫同意并签字，凡未经批准而擅自打胎者，对其本人及执行打胎者分别予以处分。1952 年 12 月，颁布了卫生部制定、经政务院文化教育委员会同意实施的《限制节育及人工流产暂行办法》（以下简称《办法》）。该《办法》规定：施行节育、绝育或人工流产手术者需经当地公立医院或卫生主管机关指定私立医院的主治医师会同专科医师诊断，报告院长并呈请当地卫生行政机关核准后，始得施行绝育手术或人工流产手术。一般私立医院及私人开业医师不得施行绝育手术；非按医师暂行条例有关内容之规定，检查详细病案记录，并报经当地卫生主管机关核准，不得施行人工流产手术。对于避孕药具的出售，该办法规定：出售者必须向当地卫生主管机关呈报批准，未经批准的店铺、摊贩一律禁止出售避孕用具，而购买节育用具者必须持有医师证明交由药房按照限量出售。药房出售节育用具者每季度应向当地卫生主管机关报告销售数量统计一次。凡违反规定的药房，卫生主管机关应予以适当处分。1953 年 1 月 12 日，卫生部又通知海关"查避孕药和用具与国家政策不符，应禁止进口"。[①] 1 月 14日，卫生部又批复华东军政委员会卫生部并抄送全国卫生机关及中国医药公司，重申对节育用具的制造销售应予登记，严加管理。[②]

中华人民共和国成立初期，中国政府关于禁止人民群众进行节育、人

---

① 杨魁孚，梁济民，张凡. 中国人口与计划生育大事要览 [M]. 北京：中国人口出版社，2001:4.

② 杨魁孚，梁济民，张凡. 中国人口与计划生育大事要览 [M]. 北京：中国人口出版社，2001:5.

工流产和避孕的规定，以及对节育用具的严格管制，虽然是着眼于母亲和子女的健康，但是，该时期关于人口节育的规定直接导致了人口增长过快，影响了人民生活的改善和社会经济的迅速发展。中华人民共和国成立后，人民群众生活水平虽然有了较大的改善，但人口的迅速增长和人民生活改善的矛盾也很快暴露出来，人民在吃、穿、住、交通、教育、卫生等方面都存在着不少困难，消费资料的增长在许多方面还不能满足迅速增长的总人口的生活需要。[①] 可以说，这一时期实行的不成文的鼓励人口增长的政策快速扩大了人口规模（见表2-1）。

表2-1　1949—1955年中国人口动态情况

年份	1949	1950	1951	1952	1953	1954	1955
年末总人口（万人）	54 167	55 196	56 300	57 482	58 796	60 266	61 465
人口出生率（‰）	36.00	37.00	37.80	37.00	37.00	37.97	32.60
人口死亡率（‰）	20.00	18.00	17.80	17.00	14.00	13.18	12.28
自然增长率（‰）	16.00	19.00	20.00	20.00	23.00	24.79	20.32
总和生育率	6.14	5.81	5.70	6.47	6.05	6.28	6.26
年增加人口（万人）	—	1 029	1 104	1 182	1 314	1 470	1 363
性别比（女=100）	108.16	108.07	107.99	107.90	107.56	107.64	107.30

数据来源：历年《中国人口统计年鉴》。

二、"一普"后，面对庞大而激增的人口，毛泽东、周恩来等同志强调要采取有效措施，控制人口增长。党和国家领导人对节育工作的重视，有力地推动了人口政策的制定和落实

为了配合1954年即将召开的各级人民代表大会代表的选举，在人口登记的基础上做好选民登记工作，也为制订发展国民经济的第一个五年计划提供数据，1953年6月30日，我国进行了新中国成立以来的第一次全国性人口普查。普查结果表明，中国人口已远远超过毛泽东同志在1949年9

[①]　汤兆云. 20世纪50年代中国人口政策的理性思考 [J]. 怀化学院学报, 2003 (1).

月 21 日新政协一届会议上所说的"四万万七千五百百万的人口"①，而是五亿八千多万人。庞大而激增的人口，与自然资源、环境资源、社会资源等形成了尖锐的矛盾；此时，人们在日常生活中已感到住房日益紧张，青少年升学受到校舍规模的限制。政府领导人也感受到了人口增长过快带来的挑战和压力。1953 年 9 月 29 日，周恩来同志在人口普查结束 3 个月后的一次报告中不无忧虑地指出："我国人口大概每年平均要增加 1000 万，那么 10 年就是 1 万万。……却是我们的一个大负担。"② 在中央主要领导同志的推动下，1954 年 11 月，卫生部《关于改进避孕及人工流产问题的通报》规定"避孕节育一律不加限制"，"凡请求避孕者，医疗卫生机关应予以正确的节育指导"，"一切避孕用具和药品均可以在市场销售，不加限制"③。1955 年 2 月，卫生部在给中央的报告中提出"在中国今天的历史条件下，是应当提倡节制生育的；在将来，也不应反对人民群众自愿节育的行为"④。同年 3 月，中央对报告做了批示："节制生育是关系广大人民生活的一项重大政策性的问题。为了国家、家庭和新生一代的利益，我们党是赞成适当地节制生育的。"⑤1956 年 9 月，周恩来同志再次重申要"提倡节制生育"的方针。同年公布的《1956 年到 1967 年全国农业发展纲要（修正草案）》把计划生育的政策扩展到广大农村，"除了少数民族的地区外，在一切人口稠密的地方，宣传和推广节制生育，提倡有计划地生育子女"⑥。同一时期，毛泽东同志也在不同场合反复强调"要提倡生育，要有计划地节育"，更进一步强化了节制生育的社会舆论环境。党和国家领导人对节育工作的重视，有力地推动了人口政策的制定和落实。

---

① 毛泽东. 接见西藏致敬团代表的谈话要点//建国以来毛泽东文稿（第 3 册）[M]. 北京：中央文献出版社，1989：583.

② 中共中央文献研究室. 周恩来经济文选 [M]. 北京：中央文献出版社，1993：163.

③ 摘自《中央人民政府卫生部关于改进避孕及人工流产问题的通报》，〔54〕卫药字第 579 号（1954 年 11 月 10 日）.

④⑤ 摘自《中共中央对卫生部党组关于节制生育问题的报告的批示》，总号〔55〕045 号（1955 年 3 月 1 日）。

⑥ 1956 年到 1967 年全国农业发展纲要（修正草案）[N]. 人民日报，1956-10-05.

这一时期，党和政府已经认识到控制人口和实行计划生育的重要性，政府有关部门此前制定的关于禁止人民群众绝育、人工流产和节育的规定也已经逐渐被打破。1957 年 5 月，中华全国总工会在给国务院提交的《关于职工施行人工流产或结扎输卵管、输精管需要休息期间的工资和所需的手术医药费是否从劳动保险金给予照顾的指示》中，提议因节育施行人工流产或绝育手术的职工按劳保条例给予经济照顾。国务院在同年 10 月 12 日发出的《关于职工绝育、因病施行人工流产的医药费和休息期间工资待遇问题的通知》中予以确认。

三、三年困难时期之后，面对严峻的人口形势，毛泽东、周恩来等同志又提出要"节制生育"。1962 年，中共中央把"在城市和人口稠密的农村开展节制生育、控制人口自然增长率强调为既定的人口政策"

正当我国人口控制工作逐渐走上健康发展轨道之时，"大跃进"运动中止了人口政策前进的步伐。三年困难时期过后，我国人口出现了战争和灾难之后的补偿性生育，以更快的速度增长。1962 年，人口自然增长率为 26.99‰，比上一年增长了 23.21 个千分点；人口总和生育率为 6.02，比上一年增长了 2.73。1963 年、1964 年人口自然增长率和总和生育率继续攀升。1963 年的人口自然增长率和总和生育率分别为 33.33‰和 7.50，均达到了中华人民共和国成立以来的最高峰。

三年困难时期刚过，面对人口与粮食的尖锐矛盾及居高不下的人口自然增长率，1962 年 11 月，周恩来同志重新提出了节育问题："要公开宣传节育，对年满 18 周岁的男女不管结婚未结婚，都可以讲给他们听……宣传节育过去抓迟了。"[1] 很明显，当时处在实际经济工作第一线的国务院总理，在具体实践工作中已感受到了庞大人口及快速人口增长率带来的沉重压力。同年 12 月，中共中央、国务院《关于认真提倡计划生育的指示》（以下简称《指示》）中提出："在城市和人口稠密的农村提倡节制生育，

---

[1] 彭珮云. 中国计划生育全书［M］. 北京：中国人口出版社，1997:1407.

适当控制人口自然增长率，使生育问题由毫无计划的状态逐渐走向有计划的状态，这是我国社会主义建设中既定的政策。"① 《指示》把在城市和人口稠密的农村开展计划生育、控制人口自然增长率强调为"既定的政策"，说明中共中央和国务院已对实施节制生育的人口政策有了明确的认识。《指示》还要求各级党委、政府把计划生育工作列入重要议事日程，定期进行讨论和检查。在经历了 20 世纪 50 年代人口理论的争鸣及对马寅初"新人口论"的批判，党中央、国务院首次针对计生工作发出专门文件，并认为"提倡节制生育和计划生育，不仅符合广大群众的要求，而且符合有计划地发展我国社会主义建设的要求"，这在新中国人口政策史上具有里程碑意义。②

1963 年 10 月，卫生部对不利于计划生育的职工生活福利、劳动保险、公费医疗等规定进行了修改；同时大力提倡晚婚，并做出限制早婚的全国性统一规定。③ 在此期间，提出的限制人口增殖的具体人口政策，制定的实施人口政策的节育手段、工作方式以及必要的配套措施，提出的人口生育的具体指标，尽管只是初步的，还很不完善，但它标志着限制人口增殖、实行有计划生育人口政策的诞生。该年 9 月，卫生部还提出了开展计划生育的详细方案：从 1963 年起，把计划生育列入国家、省、自治区和直辖市的计划之内，在全国城市和人口稠密的农村普遍提倡适龄结婚，有计划地生育。

为了使节制生育的人口政策落到实处，计划生育组织机构也开始组建。在 1962 年 12 月卫生部妇幼卫生司设立计划生育处的基础上，1964 年 1 月，国务院要求中央和地方都要成立计划生育委员会，具体领导这方面的工作。随后国务院成立了由国务院秘书长任主任的计划生育委员会。同期，北京、河北、山东、四川、吉林等省和上海市先后发出关于开展计划生育的文件，决定成立计划生育委员会；云南、福建等省先后成立计划生

---

① 彭珮云. 中国计划生育全书 [M]. 北京：中国人口出版社，1997:4.

② 汤兆云. 20 世纪 60 年代中国人口政策评价 [J]. 江苏行政学院学报，2004（2）.

③ 彭珮云. 中国计划生育全书 [M]. 北京：中国人口出版社，1997:4.

育领导小组及办公室。这样，国家在宏观指令性政策、计生机构设置、节育经费支出、节育技术指导、计生宣传及计生药具等方面，都形成了一些初步方案，为 20 世纪 60 年代乃至以后实施有计划生育的人口政策奠定了基础。

本时期，随着节育工作的深入开展，虽然政府对生育计划是非常谨慎的，并且强调"严防乱提口号、定指标、搞竞赛等错误做法"①，但在实际工作中，生育的计划倾向以及表现在微观家庭中生育胎次的具体政策性问题已初现端倪。周恩来同志提出在 20 世纪内将人口增长率降至 10.0‰以下的目标后，卫生部更明确提出"在 1965 年把全国人口增长率由 1962 年的 27.14‰下降到 20.0‰左右，第 3 个五年计划期内，下降到 15.0‰以下，第 4 个五年计划期内下降到 10.0‰以下"。一些县市也相应制订了人口出生率、增长率的近期和远期目标及具体规划。如河北省 1967 年制订了《计划生育十年规划》，要求 1975 年出生率降至 13.0‰，自然增长率降至 7.0‰；上海市提出争取 1967 年前使人口出生率下降到 15.0‰，农村人口出生率下降到 20.0‰，为此要有 20.0%—25.0% 的育龄夫妇做绝育手术、20.0% 左右的育龄妇女上环等。② 上海市更明确规定了"少、稀、晚"的三原则和具体要求：即每对夫妇生育子女数控制在 2—3 个，每胎间隔 4—5 年，初产妇女年龄在 26 岁以上等。③ 这就是 20 世纪 70 年代我国"晚、稀、少"人口政策的萌芽和由来。

这一时期，尽管当时主要是在城市，农村大约只有 1/5 的地区不同程度上开展了计划生育工作，但节制生育的成效还是明显的，主要表现为人口出生率、死亡率和自然增长率出现了较大幅度的下降（见表 2-2、图 2-1）。

---

① 彭珮云. 中国计划生育全书 [M]. 北京：中国人口出版社，1997：39.
②③ 翟振武. 20 世纪 50 年代中国人口政策的回顾与再评价 [J]. 中国人口科学，2000（1）.

表 2-2　1960—1969 年全国与上海市人口出生率、死亡率和自然增长率对比

年份	全国			上海全市			上海市区		
	出生率 （‰）	死亡率 （‰）	自然增 长率 （‰）	出生率 （‰）	死亡率 （‰）	自然 增长率 （‰）	出生率 （‰）	死亡率 （‰）	自然 增长率 （‰）
1960	20.86	25.43	-4.57	27.6	6.8	20.8	27.4	6.1	21.3
1961	18.02	14.24	3.8	22.4	7.7	14.7	23.8	5.9	17.9
1962	37.01	10.02	26.99	26.3	7.3	19.0	23.5	5.2	18.3
1963	43.37	10.04	33.33	30.3	7.0	23.3	23.1	4.7	18.4
1964	39.14	11.50	27.64	20.6	6.1	14.5	13.8	4.5	9.3
1965	37.88	9.50	28.38	17.0	5.7	11.3	10.4	4.3	6.1
1966	35.05	8.83	26.22	14.6	5.3	9.3	8.6	4.7	3.9
1967	33.96	8.43	25.53	12.5	5.1	7.4	8.2	4.7	3.5
1968	35.59	8.21	27.38	14.9	5.3	9.6	9.8	5.1	4.7
1969	34.11	8.03	26.03	14.8	4.7	10.1	9.0	5.1	3.9

资料来源：《中国统计年鉴》（1983），《上海统计年鉴》（1983）。

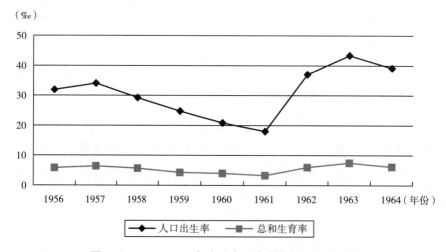

图 2-1　1956—1964 年全国人口出生率与总和生育率

资料来源：《中国统计年鉴》（1991），《中国各省生育率手册》（1993），《中国生育节育抽样调查北京国际研讨会论文集》（1993）。

从 1964 年至 1968 年，全国人口出生率从 39.14‰降至 35.59‰，人口自然增长率从 27.64‰降至 27.38‰。[①] 在城市地区，节制生育的成效尤其明显，上海市市区在 20 世纪 60 年代后半期，人口自然增长率都处于 5‰以下的水平，[②] 已完全属于低增长率型地区，其人口自然增长率远远低于全国水平。

四、20 世纪 70 年代，在计划生育的具体实践工作中，根据控制人口过快增长必要性和可行性相统一以及国家利益和家庭利益相结合的原则，逐步形成了"晚、稀、少"的人口政策

"文化大革命"发动前的 1966 年，节制生育人口政策在社会上已形成了一定的气候；"文化大革命"开始后，实施节制生育工作的社会政治环境已不复存在，计划生育实际工作陷于瘫痪状态。我国人口又处于盲目发展的状态。1966—1970 年的 5 年间，每年出生人口在 2500 万人到 2700 万人之间，人口出生率均在 33‰以上，人口自然增长率在 26‰左右，全国净增人口超过 1 亿人。1969 年，我国人口总量突破 8 亿人，1970 年达到 82992 万人。人口无节制地快速增长使当时的国民经济雪上加霜。农村的贫困化进程难以遏制，城镇居民的生活水平也没有得到多大提高，数以亿计的人口生活在绝对贫困线之下。

在这种背景下，毛泽东、周恩来等党和国家领导人都对人口生育工作做出了重要指示。毛泽东提出了"人口非控制不行"的指示。1971 年，国家计委把人口发展正式纳入第 4 个五年国民经济发展计划，城乡人口自然增长率被规定为人口控制的目标。同年 7 月，国务院明确指出："除人口稀少的少数民族地区和其他地区之外，都要加强对这项工作的领导，深入开展宣传教育，使晚婚和计划生育变成城乡群众的自觉行为，力争在第 4个五年计划期内做出显著成绩。"并要求各省、自治区、直辖市党委和革委会认真抓好计划生育工作。在当时计划经济的大前提下，实行计划生育

---

① 李建民，等. 持续的挑战 [M]. 北京：科学出版社，2000 (8)：15.

② 上海市统计局. 上海统计年鉴 (1983) [M]. 北京：中国统计出版社，1983:115.

是为了使人口发展计划与社会经济发展计划相适应，于是，"有计划地增长人口"自然地被确定为我国既定的人口政策。为此，国务院第一次明确提出了计划生育工作的具体指标，"在第 4 个五年计划期内，使人口自然增长率逐年降低，力争到 1975 年，一般城市降到 10.0‰左右，农村降到 15.0‰以下，原来城乡综合增长率就低的，如上海全市已降到 9.01‰，则不应回升"。[①] 1973 年，国家计委把国务院提出的人口计划指标正式列入国民经济和社会发展计划之中。

国务院关于计划生育工作具体指标的提出，标志着我国人口政策由中华人民共和国成立后的节制生育向 20 世纪 70 年代的有计划生育过渡。节制生育只是对出生人口的数量做出一定的限制，但没有具体量的规定，也没有具体的计划数，更没有什么强制性的措施；而计划生育不仅对出生的人口数有严格、具体的量的规定，并且有强制性的措施以保障其落实。这是两者之间最重要的区别。[②]

由于计划生育人口政策的核心问题是要降低人口自然增长率、控制人口的过快增长，这就必然要牵涉影响和制约人口再生产过程中诸如结婚、生育的年龄，生育的间隔、数量等具体的政策性问题。在计划生育的具体实践工作中，这些问题逐渐有了明确、具体的政策要求，并逐步形成了"晚、稀、少"的人口政策。1972 年，卫生部提出了"晚、稀、少"人口政策内容的最初设想。[③] 1973 年，第一次全国计划生育工作汇报会确定了"晚、稀、少"的方针，提出了"晚、稀、少"的计划生育政策，即"晚"是指男、女分别为 25 周岁以后、23 周岁以后结婚，女 24 周岁以后生育；"稀"是指两孩生育间隔至少为 3 年；"少"是指一对夫妇生育不超

---

① 摘自《国务院转发卫生部军管会、商业部、燃料化学工业部关于做好计划生育工作的报告》，〔71〕国发文 51 号（1971 年 7 月 8 日）。

② 汤兆云. 20 世纪 70 年代中国人口政策的地位 [J]. 江西社会科学，2003（3）.

③ 摘自《卫生部军管会业务组栗秀真在河北省计划生育工作会议上的讲话》（1972 年 1 月 25 日）。

过两个孩子。[①] 1974 年，中央在转发上海、河北等地关于开展计划生育工作会议的报告中，肯定了按"晚、稀、少"方针要求结婚和生育的政策。[②] 1978 年 6 月，国务院计划生育领导小组会议进一步明确了"晚、稀、少"方针的内涵：晚婚年龄，农村提倡为女 23 周岁、男 25 周岁结婚，城市婚龄略高于农村，提倡一对夫妇生育子女数最好一个，最多两个，生育间隔 3 年以上。这样，基本形成了以"晚、稀、少"（后来发展为"晚婚、晚育、少生、优生"）为主要内容的人口政策；在其内容的具体表述上，概括为"控制人口的数量，提高人口的素质"。

在中央和省、自治区、直辖市计划生育部门的领导和具体指导下，以"晚、稀、少"为主要内容的人口政策在地市级及以下城镇和农村地区得到了不同程度的落实，并且取得了一定的成绩。至此，我国已形成了明确而全面的人口政策和计划生育的具体政策，这一政策一直执行到 1980 年秋中共中央、国务院发表《关于控制我国人口增长问题致全体共产党员、共青团员的公开信》为止。

为了使"晚、稀、少"人口政策有效地落到实处，同期，计划生育组织机构也开始组建。1973 年 7 月，国务院批准恢复成立计划生育领导小组及办公室。随后，各省、自治区、直辖市、地市级及以下城镇和农村行政区也先后恢复或成立了计划生育工作机构。

20 世纪 70 年代，我国实施的"晚、稀、少"人口政策在控制人口数量方面取得了明显的成效。1980 年，我国人口总和生育率已降至 2.24，较 1970 年的 5.71 下降了 60.77%；同期的人口自然增长率从 1970 年的 25.95‰ 降至 1980 年的 11.87‰，降幅超过一半以上（如图 2-2 所示）。

---

① 摘自国务院计划生育领导小组办公室的《全国计划生育工作汇报会会议纪要》（1973 年 12 月 27 日）。

② 摘自《国务院批转卫生部关于全国卫生工作会议的报告》（1975 年 8 月 5 日）。

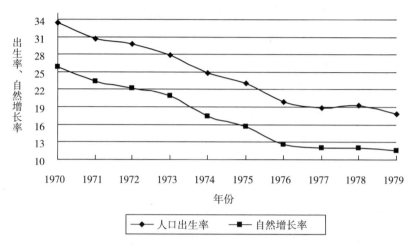

图 2-2　20 世纪 70 年代我国人口出生率、自然增长率曲线

五、独生子女人口政策是20世纪70年代"晚、稀、少"人口生育政策发展的产物。我国现行人口政策是在对独生子女人口政策调整和完善的基础上逐步形成的

　　1978 年，党的十一届三中全会在确立我国经济建设的基本目标的同时，也提出了到 20 世纪末力争把我国人口控制在 12 亿人以内，使全国人民的物质文化生活达到小康水平的目标。为了实现这一目标，就必须确立与之相适应的人口政策。1979 年 1 月，国务院计划生育领导小组会议讨论了全国的独生子女政策，基本确定了新政策的框架，即为实现 1980 年人口增长率控制在 10‰以下，"要提倡每对夫妇生育子女数最好一个，最多两个，间隔三年以上；对于只生一胎，不再生第二胎的育龄夫妇，要给予表扬；对于生第二胎和第三胎以上的，应从经济上加以必要的限制。"① 为配合这次会议宣传，同年 1 月 27 日，《人民日报》发表了题为《必须高度重视计划生育工作》的社论。社论指出，对计划生育工作，不但计划生育部

---

① 摘自《国务院副总理、国务院计划生育领导小组陈慕华在全国计划生育办公室主任会议上的讲话》（1979 年 1 月 17 日）。

门要抓,全党要抓,特别是经济部门也要抓。[①] 为了使独生子女生育政策上升到国家政策的高度,1979 年 2 月,国务院在全国人大五届一次会议的政府工作报告中指出:"计划生育很重要。必须继续认真抓好,争取在 3 年内把我国人口自然增长率降到 10‰以下。"

1978 年、1979 年、1980 年,全国总人口分别为 96 259 万人、97 542 万人、98 705 万人,人口出生率分别为 18.25‰、17.82‰、18.21‰,人口自然增长率分别为 12.00‰、11.61‰、11.87‰,总和生育率为 2.72、2.75、2.24。根据有关方面的预测,要实现在 20 世纪末人口不超过 12 亿人的目标,必须实行一对夫妇只生一个孩子的独生子女政策。如果"按目前一对夫妇平均生 2.2 个孩子计算,我国人口总数在 20 年后,将达到 13 亿人,在 40 年后将超过 15 亿人"。"解决这一问题的最有效的办法,就是实现国务院的号召,每对夫妇只生育一个孩子。"[②] 特别是,由于此期农村地区相继开始了联产承包责任制,随着农村基层政权对农户约束力的减弱,实行联产承包责任制后农民生活较以前有了较大幅度的提高,他们的生育欲望有所扩张。另外,"大跃进"及三年困难时期后补偿性生育的人口也开始进入育龄阶段。因此,这一时期人口出生率、自然增长率、总和生育率都有所反弹。各种情况表明,面对困难的人口形势,实际工作部门希望得到一个能起到法律作用的中央文件,以支持在全国不分城乡地推行独生子女人口生育政策。

在这样的背景下,1980 年 9 月 25 日,中共中央、国务院发表了《关于控制我国人口增长问题致全体共产党员、共青团员的公开信》(以下简称《公开信》)。《公开信》指出,"为了争取在 20 世纪末把我国人口总数控制在 12 亿人以内,国务院已经向全国人民发出号召,提倡一对夫妇只生育一个孩子。"《公开信》强调,为了控制人口增长,党和政府已经决定采取一系列具体政策:在入托、入学、就医、招工、招生、城市住房和农

---

① 人民日报社论. 必须高度重视计划生育工作 [N]. 人民日报, 1979-01-27.

② 人民日报社论. 党中央号召党团员带头只生一个孩子 [N]. 人民日报, 1980-09-26.

村住宅基地分配等方面，要照顾独生子女及其家庭；要大力开展生殖生理、优生和节育技术的科研工作。

《公开信》的发表，标志着我国人口政策由 20 世纪 70 年代的"晚、稀、少"人口政策向独生子女人口生育政策紧缩。20 世纪 70 年代的"晚、稀、少"人口生育政策主要"提倡一对夫妇子女数最好一个，最多两个，生育间隔三年及以上"，而《公开信》所内含的人口政策转变为"除少数民族外，严格控制生育第二个孩子，城乡无一例外"。这在城市还具有一定的可行性。从 1977 年到 1980 年，在实行"晚、稀、少"生育政策时，城市总和生育率已从 1.57 下降到 1.15。但是在广大农村地区，一对夫妇只生育一个孩子与其生育期望值和该时期实际生育水平存在着巨大差距。1979 年、1980 年，农村地区在实行"晚、稀、少"生育政策时总和生育率分别为 3.4、2.48，因此，在农村地区要真正做到生育一个孩子，其困难程度是可想而知的。虽然这期间有关部门注意到了这个问题，要求把农村计划生育工作的重点放在杜绝多胎生育和按照政策有计划地安排第二胎上，逐步做到一对夫妇只生育一个孩子，并立即着手研究适应生产责任制的计划生育措施，避免被动，避免简单粗暴和强迫命令。[①] 但效果并不明显，出现了两种极端倾向：一种极端倾向是有不少基层计划生育干部为完成计划生育的指标，采取非常手段，严重对立了当时的党群、干群关系；另一种极端倾向是他们深感在农村地区推行只生一个孩子的计划生育人口政策太脱离群众，难度太大，干脆就撒手不管，放任自流，反而助长了多胎生育现象。

鉴于独生子女人口政策在农村陷入窘境，难以为继，并产生了许多政策决策者当初未能预料到的负面效应，为了缩小政策与生育意愿间的差距、缓和干群关系，1984 年 4 月，中共中央批转了国家计生委党组提出的《关于计划生育情况的汇报》（以下简称《汇报》）。《汇报》认为，要把计划生育政策建立在合情合理、群众拥护、干部好做工作的基础上，因此，根据我国当时的实际情况，为在 20 世纪末把我国人口控制在 12 亿人以内，要继续提倡一对夫妇只生育一个孩子；同时要进一步完善计划生育

---

① 人民日报社论. 必须认真抓好计划生育工作 [N]. 人民日报，1981-08-18.

工作具体政策。1986 年 12 月，中共中央再次明确指出：农村地区应该有个长期、稳定、得到多数农民支持的计划生育的人口政策，除过去规定的一些特殊情况可以生育两个孩子外，要求生育第二胎的独女户，间隔若干年后可允许生二胎。其实质内容是"要求生育第二胎的独女户，间隔若干年后可允许生二胎"，这其实就是 20 世纪 70 年代的"晚、稀、少"人口政策所强调的"稀"，即两孩生育间隔。反映在计划生育的实际工作中，是各省、自治区、直辖市的计划生育工作掌握了主动权。

在此基础上，为了使计划生育人口政策尽快稳定下来，1988 年 3 月，中共中央政治局常委会专门会议讨论并原则上同意国家计生委提交的《计划生育工作汇报提纲》。会议认为，农村应该有个长期、稳定、得到多数农民支持的计划生育政策，除了过去规定的一些特殊情况可生两个孩子以外，要求生第二胎的独女户，间隔几年以后可允许生二胎，这一"间隔"非常重要。会议同时还规定了现行计划生育人口政策的具体内容：提倡晚婚晚育、少生优生，提倡一对夫妇只生育一个孩子；国家干部和职工、城镇居民除特殊情况经过批准外，一对夫妇只生育一个孩子；农村某些群众确有实际困难，包括独女户，要求生二胎的，经过批准可以间隔几年以后生第二胎；不论哪种情况都不能生三胎；少数民族地区也要提倡计划生育，具体要求和做法可由有关省、自治区、直辖市根据当地实际情况制定。

我国生育政策中关于子女生育的数量的规定，主要是由各地区根据国家生育政策的宏观指导，并结合各地实际情况制定出来的。目前，各地区关于生育子女的数量大致可分为 5 种情况：①城镇地区和京、津、沪、渝、苏、川等 6 省、市的农村基本实行汉族居民一对夫妇生育一个孩子；②除上述 6 省、市外，对农村居民有 5 个省、区规定可以生育两个孩子，有 19 个省、区规定第一个孩子是女孩时，间隔几年可以再生育一个孩子；③有 26 个省、市、区规定夫妇同为独生子女的，可以生育两个孩子，其中有 5 个省（不含上述农民普遍生二孩的 6 个省）还规定农村夫妇一方为独生子女间隔几年可以生育第二个孩子；④各地条例还对少数民族、残疾、再婚、归侨、特殊职业等各种情况做出具体规定，可以生育两个或更多的孩子；⑤西藏藏族农牧民（占西藏人口的绝大多数）没有限制生育数量的要求。可见，我国生育政策中包含了多个类型的多元政策：一孩政策、一孩半政策和二孩及以上政策。可以以政策生育率（政策生育率，即一个地区如果完全按照政策的规定生育，该地区平均每个妇女终身生育的孩子数。其表达式为：政策生育率 = $1 \times k_{1孩政策} + 1.483 \times k_{1.5孩政策} + 2 \times k_{2孩政策} + 3 \times k_{3孩政策}$，其中 k 值为执行不同生育政策的人口比例）对不同地区生育子女的数量进行定量测算。研究发现（见表 2-3），1.38—1.49 的政策生育率在全国占主导地位，全国人口大多数处于 1.16—2.01 的政策生育率地区，实行"1.15 孩"生育政策的人口占全国人口的一半以上。如果按照平均政策生育率的大小对我国各区生育率进行分类，那么，属于第一类政策生育率的省份有 6 个（上海、江苏、北京、天津、四川、重庆），属于第二类政策生育率的省份有 12 个（辽宁、黑龙江、广东、吉林、山东、江西、湖北、浙江、湖南、安徽、福建、山西），属于第三类政策生育率的省份有 7 个（河南、陕西、广西、甘肃、河北、内蒙古、贵州），属于第四类政策生育率的省份有 5 个（云南、青海、宁夏、海南、新疆）。

表 2-3 我国各省份的政策生育率①

生育政策	省份	相应省份平均政策生育率
独生子女为主的地区	上海、江苏、北京、天津、四川、重庆	1.060、1.060、1.086、1.167、1.188、1.273
独生子女政策与独女户可生二孩政策的地区	辽宁、黑龙江、广东、吉林、山东、江西、湖北、浙江、湖南、安徽、福建、山西	1.383、1.392、1.413、1.450、1.453、1.464、1.466、1.467、1.479、1.480、1.481、1.487、
独女户与二孩政策的地区	河南、陕西、广西、甘肃、河北、内蒙古、贵州	1.505、1.514、1.527、1.559、1.592、1.602、1.667
二孩及以上政策的地区	云南、青海、宁夏、海南、新疆	2.006、2.104、2.116、2.137、2.366
没有子女生育数量规定的地区	西藏	—

---

① 郭志刚，等. 从政策生育率看中国生育政策的多样性 [J]. 人口研究，2003（4）.

这一时期，我国人口出生率和自然增长率继续下降（如图 2-3 所示）。人口出生率从 1980 年的 18.21‰下降到 2001 年的 13.38‰，年均下降 1.48%；同期，自然增长率从 11.87‰下降到 2001 年的 6.95‰，年均下降 2.58%。

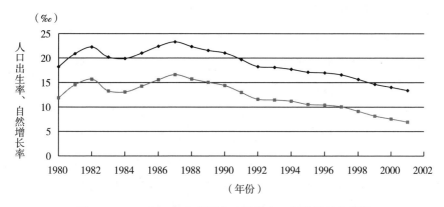

图 2-3　1980—2001 年我国人口出生率、自然增长率曲线

六、20 世纪 90 年代初期，面对严峻的人口发展态势，从紧从严修正现行计划生育人口政策的思潮重新泛起。在这种背景下，党中央要求坚决贯彻落实现行人口政策，以保持其稳定性和连续性

1990 年第四次全国人口普查数据显示，至该年 7 月 1 日零时，我国大陆人口总数为 11.34 亿人，比原来估计的多出 1 000 多万人。按照人口普查得出的 14.70‰的人口自然增长率来预测，至 20 世纪末总人口逼近 13 亿人已成定局。这与自 20 世纪 80 年代以来中共中央、国务院多次提出的在 20 世纪末把全国总人口控制在 12 亿人之内、自然增长率控制在 13‰之下的目标相去甚远。面对严峻的人口发展态势，从紧从严修正现行计划生育人口政策的思潮重新泛起。1990 年正值中共中央发布《公开信》十周年。该年 7 月，中共中央办公厅、中宣部、国家计生委等部门在北京联合召开了全国宣传贯彻《公开信》先进代表座谈会，会议强调了 20 世纪 90 年代计划生育工作的紧迫性和繁重性，希望广大党团员认真宣传贯彻《公

开信》精神，重视计划生育，带头搞好计划生育。随后，全国各级宣传舆论部门都加强了对贯彻《公开信》的宣传报道。7月5日，《人民日报》在《坚持计划生育这一基本国策》的社论中指出：实践证明，《公开信》至今仍是指导我们计划生育工作的重要文献，信中对全体共产党员、共青团员提出的要求仍然有现实意义，需要继续贯彻落实。[①]

与此同时，国家有关部门以及学术界不少专家强调，我国现行计划生育人口政策本身就是从紧从严的政策，现在的问题不是要在修正政策上加严的问题，而是如何认真有效地贯彻落实的问题。在这样的背景下，为了使现行计划生育人口政策能够有效地坚持下去，1991年5月，中共中央、国务院发出《关于加强计划生育工作严格控制人口增长的决定》（以下简称《决定》）。《决定》重申，争取今后十年平均年人口自然增长率控制在12.5‰以内，完成这个控制人口增长的计划指标，对于保证我国现代化建设第二步、第三步战略目标得以实现具有重要的意义。《决定》还要求坚决贯彻落实现行计划生育人口政策，以保持人口政策的稳定性和连续性。

七、在我国人口生育政策制定和实施过程中，"优待奖励"是地方性《人口与计划生育条例》和《中华人民共和国人口与计划生育法》的重要组成部分，并成为与生育政策配套的家庭发展支持体系的基础性条件

在我国人口生育政策的制定和实施过程中，地方性计划生育立法工作几乎是同步进行的。1980年2月，广东省第五届人大第二次会议首先颁布了《广东省计划生育条例》，它是我国第一部地方性计划生育法规。进入20世纪80年代中期以后，地方计划生育立法步伐加快。从1986年到1989年，先后有19个省、自治区、直辖市颁布了《人口与计划生育条例》。到1992年4月，除西藏、新疆是由自治区人民政府颁布人口与计划生育规定外，其余28个省、自治区、直辖市都颁发了由地方人大通过的计划生育条

---

① 人民日报社论. 坚持计划生育这一基本国策 [N]. 人民日报, 1990-07-05.

例。重庆市1997年设直辖市后，也很快颁布了《人口与计划生育条例》。因此，《中华人民共和国行政诉讼法》实施之后，计划生育工作进入了由行政管理向依法行政过渡的新阶段。

地方性《人口与计划生育条例》对计划生育的工作原则、组织管理、生育政策、节育措施、优待奖励、限制处罚等方面都做了详细的规定，其核心内容可分为两部分：一是生育限制政策；二是生育管理政策。生育限制政策包括对生育孩子数量的规定和对生育孩子时间间隔的规定两个方面的内容，即晚婚、晚育、少生、稀生、优生问题。生育管理政策是保证生育限制政策得以落实的包括人口计划管理，优生、节育管理，优待奖励，处罚限制以及对流动人口的计划生育管理等内容的相关规定、办法和措施。①

各省、自治区、直辖市《人口与计划生育条例》一般都规定，男女双方按《中华人民共和国婚姻法》规定的结婚年龄（男22周岁，女20周岁）各推迟3周岁以上结婚为晚婚，结婚妇女24周岁以上生育为晚育；提倡和鼓励一对夫妻只生育一个孩子；符合规定条件可以生育第二个孩子的，一般应有4年的间隔时间；禁止患有遗传性精神病、遗传性智能缺陷、遗传性畸形等严重遗传性疾病的夫妻生育；已怀孕的，应终止妊娠，以保证生育的后代没有遗传性残疾。

对于生育孩子的数量，各地的《人口与计划生育条例》根据国家总的生育政策，结合当地的实际情况，制定了不同的规定。国家干部和职工、城镇居民，除特殊情况外，一对夫妇只能生育一个孩子。所谓的特殊情况，各地又有不同的规定，主要有：第一个孩子是非遗传性残疾，不能成为正常劳动力的；重新组合的家庭，一方原只有一个孩子，另一方系初婚初育的；婚后多年不育，抱养一个孩子后又怀孕的；夫妻双方都是独生子女的；夫妇中的一方为影响劳动的残疾者、生活不能自理者；两个以上兄弟或姐妹中，只有一人有生育能力。同时又规定，凡符合条件要求生第二胎的，须经本人申请，经批准后，且有4年以上的生育间隔方可生育。

---

① 冯国平，郝林娜. 全国28个地方计划生育条例综述 [J]. 人口研究，1992 (2).

各省、自治区、直辖市人口与计划生育条例对再婚夫妇的生育也都有明确的规定。四川省规定"因丧偶再婚的夫妻，再婚前丧偶一方子女不超过两个、另一方无子女的；因离婚再婚的夫妻，再婚前一方只有一个孩子，另一方无子女的"可以再生育一个孩子，另一方未生育过的可以再生育一个孩子；河北省、山西省、内蒙古自治区、辽宁省、黑龙江省、江苏省、浙江省、安徽省、福建省、海南省、四川省、宁夏回族自治区等省（自治区）规定再婚夫妇一方未生育过，另一方丧偶生育过两个孩子，也可再生育一个孩子；山西省、山东省、广东省、海南省等省规定再婚夫妇再婚前各生育一个孩子，离婚时依法判决孩子随前配偶，新组合家庭无孩子的，允许生育一个孩子。

各省、自治区、直辖市《人口与计划生育条例》都制定了详细、明确的保证生育限制政策得以落实的生育管理政策。主要有以下几个方面的内容：

（1）优生、节育管理政策。各地《人口与计划生育条例》对优生、节育的管理政策主要有：县以下医疗、妇幼保健单位和计划生育宣传技术指导单位，应开展优生节育咨询门诊；婚前应进行健康检查，结婚和生育应接受优生节育指导；禁止患有遗传性精神病、遗传性智能缺陷、遗传性畸形等严重遗传性疾病的夫妻生育，已怀孕的，应终止妊娠。关于节育措施，各地《人口与计划生育条例》都规定凡是未取得生育指标而有生育能力的育龄夫妇，应当按计划生育政策的要求采取可靠的避孕节育措施。

（2）优待奖励政策。各省、自治区、直辖市《人口与计划生育条例》对晚婚晚育者、独生子女家庭都制定了一定的优待奖励政策。各地条例一般都规定，国家工作人员和城乡集体所有制企业职工，夫妻双方符合晚婚、晚育条件的，除国家规定的婚假外，再增加婚假、产假若干天。国家干部和职工、城镇独生子女家庭都可以领取一定数量的独生子女保健费，独生子女在入托、入学、就医、就业等方面，在同等条件下给予优先，或者适当减免或免除独生子女的入托费、学费、医药费等；农村独生子女家庭除了发放独生子女保健费，独生子女优先入托、入学、就医或减免此类费用外，还给予家庭一系列优待，例如，优先分配住宅、宅基地；优先招工、优先安排进乡镇企业；优先分配生产资料、帮助发展生产等。

（3）处罚限制政策。各省、自治区、直辖市《人口与计划生育条例》对早婚早育，非婚生育，计划外怀孕、生育者都有明确的处罚限制政策。各地条例对早婚早育，非婚生育，计划外怀孕、生育者的处罚，主要是经济处罚，是国家干部的还要给予行政处罚（包括降级、降职直至开除公职等）或取消各种福利待遇。各地所规定的经济处罚幅度不同，有的是按计划外生育第一个孩子的规定处罚，有的则处以一次性罚款，数额一般为300—2 000元。

为了从法律高度维护现行人口政策的连续性和稳定性，2001年12月29日，《中华人民共和国人口与计划生育法》颁布，并自2002年9月1日起正式施行（2015年12月27日第十二届全国人民代表大会常务委员会第十八次会议进行修正）。这一时期，我国还出台了各种保障计划生育的法律法规，如《中国21世纪议程》《中国计划生育工作纲要（1995—2000）》《中华人民共和国妇女权益保障法》《中华人民共和国母婴保健法》等。

《中华人民共和国人口与计划生育法》（2021年）（以下简称《人口与计划生育法》）分"总则""人口发展规划的制定与实施""生育调节""奖励与社会保障""计划生育服务""法律责任""附则"共七章四十八条。"总则"部分规定：实行计划生育是国家的基本国策；国家采取综合措施，控制人口数量，提高人口素质；国家依靠宣传教育、科学技术进步、综合服务、建立健全奖励和社会保障制度，开展人口与计划生育工作。第三章明确规定"国家稳定现行生育政策"。第四章"奖励与社会保障"规定：国家对实行计划生育的夫妻，按照规定给予奖励；国家建立、健全基本养老保险、基本医疗保险、生育保险和社会福利等社会保障制度，促进计划生育；地方各级人民政府对农村实行计划生育的家庭发展经济，给予资金、技术、培训等方面的支持、优惠；对实行计划生育的贫困家庭，在扶贫贷款、以工代赈、扶贫项目和社会救济等方面给予优先照顾。

《人口与计划生育法》及一系列法律法规的颁布，标志着国家通过法律的形式，确立了计划生育基本国策的法律地位，结束了人口与计划生育工作长期以来主要依靠政策和地方法规调整的局面。

八、我国人口生育政策的实施效果

人口政策在不同阶段对人口生育数量的规定，实际上构成了人口控制强度变量，这一变量在不同阶段的变动反映出人口政策由松到紧，由紧到缓和，最后趋于稳定这样一条发展的轨迹，反映在人口政策的实际工作中，是人口出生率、自然增长率和总和生育率的变动。

我国人口生育政策的实施效果主要体现在以下几个方面：

（1）控制了人口总量。20世纪70年代实施的"晚、稀、少"人口政策，在控制我国人口数量方面初见成效，表现为人口出生率、自然增长率以及总和生育率大幅度下降。1970年末与1980年末相比，人口出生率由33.43‰降至18.21‰；人口自然增长率由25.83‰降至11.87‰，减少了近14个千分点。20世纪80年代以后实施的计划生育人口政策进一步巩固了这一成效，表现为人口出生率、自然增长率以及总和生育率保持在一个较低的水平。根据第四次全国人口普查资料显示，1990年底，我国人口出生率、自然增长率分别为21.06‰和14.39‰；2000年末，这两个数据又分别降至14.03‰和7.58‰。1949年的妇女总和生育率为6.14，20世纪50年代和60年代，基本保持在6.0左右的高水平上运行；1963年达到了7.5，是过去50年的最高水平。进入20世纪70年代后，总和生育率开始大幅度下降，1970年总和生育率为5.81，1979年已经降低到了2.75。20世纪80年代，总和生育率在2.5左右上下波动，既没有大幅度回升，也没有大幅度下降。20世纪90年代初至今，我国妇女总和生育率持续低于更替水平，这表明我国已经进入了低生育水平时期。

20世纪五六十年代，我国与其他发展中地区相似，生育率水平都很高；而自 70 年代开始，我国生育率迅速下降，总和生育率从 1965—1970 年的接近 6.0 下降到 1980—1985 年的 2.56 和 1990—1995 年的 2.0 以下；其他发展中地区生育率也在下降，但速度非常缓慢。在 1990—1995 年这一时期，人口总和生育率最高的是非洲，为 5.80；最低的是拉美，为 3.09，都大大高于同一时期中国的水平（如表 2-4 所示）。[①]

表 2-4　1950—1995 年中国和其他发展中地区的总和生育率对比

年份 地区	1950— 1955 年	1955— 1960 年	1960— 1965 年	1965— 1970 年	1970— 1975 年	1975— 1980 年	1980— 1985 年	1985— 1990 年	1990— 1995 年
中国	6.11	5.48	5.61	5.94	4.76	3.26	2.50	2.41	1.95
东南亚	6.03	6.08	5.90	5.81	5.32	4.82	4.21	3.67	3.29
中南亚	6.08	6.06	6.01	5.91	5.72	5.24	4.95	4.50	4.12
西亚	6.37	6.25	6.17	5.90	5.57	5.18	4.95	4.72	4.41
拉丁美洲	5.87	5.90	5.96	5.51	4.98	4.38	3.84	3.40	3.09
非洲	6.64	6.70	6.75	6.67	6.55	6.46	6.32	6.08	5.80

我国实行的计划生育人口政策成功地使人口出生率、自然增长率和总和生育率发生了转变，从而控制了人口数量的增长。梁秋生、李哲夫还通过类比分析的方法对我国实行计划生育人口政策以来在人口数量控制方面取得的成效进行了具体的推算。他们的结论为：1955—2000 年，我国由于实行计划生育政策共少生了 58 802 万人；1955—1970 年，由于倡导一般性的家庭计划生育政策共少生了 6 166 万人；1971—2000 年，由于实行中国特有的计划生育政策共少生了 52 636 万人。其中，由于实行国家计划生育政策少生了 26 185 万人，而实行一般性的家庭计划生育政策控制少生了 26 451 万人。这说明中国的计划生育政策，特别是从 20 世纪 70 年代初开始实行的中国特有的计划生育政策在人口控制方面取得了显著的成效。中国的人口控制成效，从动态趋势看更为可观。根据我国政府颁布的《中国 21 世纪人口与发展》白皮书估计，到 21 世纪中叶，我国人口总量在达到

[①] 陈卫，孟向京. 中国生育率下降与计划生育政策效果评估［J］. 人口学刊，1999
（3）.

峰值 16 亿人左右后方能缓慢下降。这意味着在推行我国特有的计划生育政策的条件下，用 80 年左右的时间，人口翻一番后才停止增长。否则，即便从 2000 年起强制实施国家计划生育政策，我国人口也会从 2000 年的 15 亿人左右，增长到 2080 年的 30 亿人左右方能停止增长。[①]

（2）实现我国人口再生产模式的转变。我国计划生育人口政策的实施不仅使人口出生率、自然增长率和总和生育率大幅度下降，还在短短的 20 年时间内就基本上实现了人口再生产模式的转变。我国人口在 20 世纪 50 年代以前基本属于"高、高、低"类型（高人口出生率、高人口死亡率、低人口自然增长率）。1949 年后，我国人口再生产类型发生了巨大的变化，人口自然增长率的变化经历了从自然增殖到自觉控制生育的过程。1949 年后，我国人口死亡率明显下降，实现了第一阶段的人口再生产类型转变。20 世纪 70 年代中后期，我国开始采取自觉控制生育的人口生育政策，人口出生率迅速下降，推动了人口再生产类型向第二阶段的转变。经过 20 世纪五六十年代的"高、低、高"类型，我国人口从 20 世纪 70 年代后期开始进入"低、低、低"类型（低人口出生率、低人口死亡率、低人口自然增长率），至 20 世纪 90 年代中期完成了这一人口再生产类型的转变。虽然在这期间曾出现过人口出生率的回升，但是人口发展仍然表现出了在反复中生育水平不断下降的趋势。1990 年我国第四次全国人口普查资料显示，1989 年人口总和生育率已经降至 2.31，比 1970 年的 5.81 下降了 3.5，已接近 2.1 的更替水平；出生率由 1970 年的 33.43‰ 下降到 1989 年的 21.58‰，下降了 11.85 个千分点；自然增长率由 1970 年的 25.8‰ 下降到 1989 年的 15.04‰，下降了 10.76 个千分点。20 世纪 90 年代以后，计划生育人口政策和生育水平分别进入了完善、稳定和稳中有降的阶段。至 1999 年底，人口总量为 12.59 亿人，比 1990 年第四次人口普查时的 11.43 亿人增加了 1.16 亿人，人口出生率为 15.23‰，自然增长率为 8.77‰，人口增长速度已经大大减缓，从而成功地实现了人口再生产类型由"高出生、低死亡、高增长"（高人口出生率、低人口死亡率、高人口自然增长率）向

---

① 梁秋生，李哲夫. 中国人口出生控制成效的比较分析 [J]. 人口研究，2003（1）.

"低出生、低死亡、低增长"（低人口出生率、低人口死亡率、低人口自然增长率）的历史性转变。

一般认为，人口再生产模式转变的基本原因有两个方面：①社会经济因素对人口增加趋势的制约；②人口生育政策因素对人口控制的影响。关于我国人口生育率的下降以及已经实现的人口再生产类型转变，顾宝昌等认为有两个方面的原因：一是我国的社会经济发展水平；二是我国计划生育的工作状况。[①] 我国的社会经济发展状况影响着我国计划生育工作执行的力度和水平，从而又间接地影响着我国的人口出生率。

（3）提高了人口质量。随着我国人口生育政策在控制人口数量方面取得显著成绩，我国人口质量也得到了显著的提高。这主要表现为通过避孕、节育等措施减少了生育，提高了妇女的健康水平，尤其是降低了高胎次生育带来的孕产妇死亡率；拉长生育间隔降低了婴儿死亡率。少生优育工作的开展提高了下一代的教育水平和身体素质。衡量人口身体质量有两个重要指标：一是婴儿死亡率；二是出生时人口平均预期寿命。婴儿死亡率的高低受到社会发展水平、经济状况和卫生条件等影响，尤其与妇幼保健工作的质量有关。

我国婴儿死亡率 50 多年来下降速度很快，从 20 世纪 40 年代的 200.0‰左右，下降到 2000 年的 32.0‰左右，下降了 80.0%以上。中华人民共和国成立以前，我国婴儿死亡率高达 200.0‰—250.0‰，其中大城市为 120.0‰左右，农村及边远地区高达 300.0‰以上。中华人民共和国成立以后，政府非常重视妇幼保健工作，1954 年对全国 14 个省份 5 万多人的调查数据显示，婴儿死亡率为 138.5‰；1958 年全国 19 个省份调查结果显示，婴儿死亡率为 80.8‰，其中农村为 89.1‰，城市为 50.8‰。1973—1975 年，全国 29 个省、自治区、直辖市的婴儿死亡率降至 47.04‰。从 1950 年至 1980 年，我国婴儿死亡率年平均下降速度在 5.0%以上，既快于同期发展中国家 2.5%的平均下降速度，也快于发达国家 4.6%的平均下降

---

① 顾宝昌. 论社会经济发展和计划生育在我国生育率下降中的作用 [J]. 中国人口科学，1987（2）.

速度。1985 年、1989 年，我国城市和农村的婴儿死亡率分别为 14.0‰、25.1‰ 和 13.8‰、21.7‰。20 世纪 90 年代以来，我国的婴儿死亡率、5 岁以下儿童死亡率的年平均下降速度分别为 6.50% 和 5.85%。2000 年，我国婴儿死亡率下降到 32.30‰，其中城市下降到 11.80‰，农村下降到 37.00‰。[1]

人口平均预期寿命是反映一个国家或地区人口健康状况和生命素质的重要综合指标。随着社会生产力的发展、医疗卫生事业的进步，我国人口平均预期寿命伴随着死亡率的下降和人口身体素质的提高而延长。20 世纪 40 年代，我国人口平均预期寿命不足 40 岁，1980 年上升到 64.9 岁，2000 年更是上升为 71.9 岁。自 1949 年中华人民共和国成立以来，我国已成为世界上人口平均预期寿命提高最快的国家之一。这表明了社会经济发展的巨大作用，正是经济发展、社会进步，才使医疗卫生条件不断改善、人民生活水平和健康水平不断提高。

人口文化素质又是衡量人口质量的另一个重要指标。这里仅以人口平均受教育年限、每 10 万人中的各类文化程度人口数和文盲率 3 个指标为例进行分析。1982 年、1990 年和 2000 年，我国人口平均受教育年限分别为 5.15 年、6.04 年和 7.23 年；1999 年，我国 6 岁以上人口的平均受教育年限超过了 6 年，比 1990 年第四次全国人口普查时的 4.5 年提高了 1.5 年。与 1990 年相比，在每 10 万人拥有各种文化程度的人口中，大学以上文化程度人口由 1 422 人增加到 1999 年的 2 867 人，增长了一倍；高中文化程度人口增长了 23.58%，初中文化程度人口增长了 36.48%，小学文化程度人口则减少了 3.61%。1990 年，文盲人口总数为 18 156 万人，人口粗文盲率为 15.88%；1999 年则相应减少到 14 510 万人，粗文盲率降低 11.52%，其中青壮年文盲率由 1990 年的 10.38% 下降到 1999 年的 4.83%，[2] 下降幅

---

① 高尔生，彭猛业. 人口身体健康素质//路遇. 新中国人口五十年（上册）[M]. 北京：中国人口出版社，2004:245-246.

② 秦大河，张坤民，牛文元. 中国人口资源环境与可持续发展 [M]. 北京：新华出版社，2002:8.

度达 5.55 个百分点，从而实现了"九五"规划提出的到 2000 年将青壮年文盲率降到 5% 左右的目标。

（4）促进了社会经济的发展。我国计划生育人口政策在控制人口数量、提高人口素质方面所取得的成绩，有效地遏制了人口快速增长对社会经济发展的制约作用，从而使我国社会经济发展取得了巨大的成绩。查瑞传等研究了人均国民生产总值和生育率之间的关系，发现总和生育率和人均国民收入的变动呈现出相反的走势，即生育率随着经济的增长而呈下降的趋势。从 20 世纪 70 年代开始，生育率下降的幅度和人均国民收入上升的幅度，前者呈急剧下降之势，而后者增长的势头不可阻挡。[①] 在对中国城市化水平与总和生育率之间的变动趋势关系的研究中，也可以发现社会经济因素对人口发展的制约作用。城市化水平，即城市人口在总人口中所占的比例，是反映社会经济发展的一项综合性指标。中国 1990 年的城市化水平为 26.41%，与 1950 年的 11.18% 相比提高了不少，这主要是由于 20 世纪 80 年代的改革开放和经济增长。总体来说，我国城市化水平及其变化反映了社会经济的发展变化。将人口总和生育率与同期的人口城市化水平相比较，可以发现，我国育龄妇女的生育水平与人口城市化水平有高度的负相关关系，即随着城市化程度的提高，生育率呈下降趋势。因此，经济的发展为我国计划生育提供了新的机遇，社会经济的全面发展有利于巩固人口控制的成果。可以预计，随着经济的进一步发展，它对人口控制的作用会越来越明显。

除了社会经济因素以外，在我国社会经济尚不发达的情况下，20 世纪八九十年代，主要是依靠生育政策和行政制约的力量使生育率得到明显下降。生育政策是中国人口控制和计划生育在生育控制方面的政策依据。中国的人口生育政策以控制人口数量为主要内容，并具体地规定了一对夫妇在各种情况下的最高生育数量。中国人口生育政策通过对育龄妇女生育孩子数量的控制达到控制人口数量的目的。从 1980 年到 1983

---

① 查瑞传，曾毅. 中国第四次全国人口普查资料分析 [M]. 北京：高等教育出版社，1986:156.

年，国家大力提倡"一对夫妇只生育一个孩子"，在此期间出生的人口，一孩所占的比例上升显著，平均每年增长 3 个以上的百分点；而两孩率相对于 20 世纪 70 年代执行"晚、稀、少"人口政策时期几乎没有太大变化，三孩率以及多孩率持续下降，但多孩率下降幅度比前期明显缩小，这主要是因为其已经降到了相对较低的水平，进一步下降的难度加大。生育政策最显著的作用是使多孩率大幅度下降，即从 1970 年的 57.3% 下降到 1990 年的 16.3%，从而使中国新增人口大幅度减少，达到控制人口数量的目的。由于人口增长速度减缓，人口增长的势头也被进一步削弱。如果中国人口保持目前的生育水平基本不变，2000—2005 年年平均增加 960 万人，2005—2010 年年平均增加 920 万人，人口出生率和自然增长率分别降至 6.9‰ 和 5.8‰，这将为中国在 21 世纪 30 年代前实现人口零增长创造有利的条件。

人口效益带来经济效益，新增人口的减少意味着个人、家庭和国家节省了大量的生育、抚养和教育费用，减轻了国家在生产和生活领域中的重负，有利于资源利用和资源保护。我国计划生育人口政策在人口数量控制和人口质量提高方面所取得的巨大成绩，对我国的经济发展和社会进步起到了巨大的推动作用。以人均国内生产总值为例，根据世界银行统计显示，2000 年中国的人均 GDP 指标约为 840 美元，假定中国不实行任何形式的人口控制政策，即便保持同样的经济增长速度，这一指标在 2000 年也只有 574 美元左右，如果只提倡计划生育而不实行国家计划生育政策，这一指标在 2000 年也仅为 696 美元左右。实际上，如果我国不实行计划生育，社会和家庭就需要投入巨额资金抚养多生的人口，而经济发展则会因为积累和投资的大量减少而放慢速度，中国的人均 GDP 水平会更低。不仅如此，中国的人口控制也为中国的社会发展、环境保护等一切与人口有关的方面做出了巨大的贡献。[①] 从人口总量与经济总量的关系来看，人口数量对经济发展有促进或延缓的作用。国家人口计生委"中国未来人口发展与生育政策研究"课题组运用人口—经济运行动态模型，对 1978—1997

---

① 梁秋生，李哲夫. 中国人口出生控制成效的比较分析 [J]. 人口研究，2003（1）.

年我国不同人口增长条件下的经济增长进行模拟和比较，从定量的角度模拟出我国生育率下降对经济增长所做的贡献。可以说，我国生育率迅速下降对经济增长的影响程度很可能比我们所估计的更大、更深远。① 国家人口计生委"中国计划生育效益与投入"课题组研究结果显示，自 1971 年至 1998 年的近 30 年间，我国累计减少出生人口 3.38 亿人，节省社会抚育费用 7.4 万亿元，这相当于 1997 年我国全年的国内生产总值。其中家庭节省的少年儿童抚养费为 6.4 万亿元，国家节省的儿童抚养费为 1.0 万亿元。研究结果还显示，实行计划生育条件下的经济发展明显快于不实行计划生育条件下的经济发展。1971—1998 年，我国国内生产总值、人均国内生产总值按当年价计算，分别增长了 32.4 倍和 21.8 倍；如果不实行计划生育，则只能增长 10.6 倍和 5.3 倍（如表 2-5 所示）。②

---

① 主要表现在以下几个方面：a. 如果我国的生育率没有迅速下降，那么国内生产总值的增长速度可能会比实际速度慢 1.3—2.0 个百分点；生育率迅速下降对我国 GDP 增长的贡献份额在 13.0% 以上。b. 生育率下降对我国人均 GDP 提高的影响更大，估计人均 GDP 增长中有 26.0%—34.0% 是由于生育率迅速下降做出的贡献；在生育率没有迅速下降的条件下，人均 GDP 的年平均增长速度要比实际增度低 1.5—3.0 个百分点。c. "中国未来人口发展与生育政策研究"课题组的研究结论为：生育率的迅速下降为我国的资本积累创造了有利条件，生育率迅速下降对实际固定资产存量的贡献达到 15.0%—22.0%。d. 在我国劳动生产率增长中，有 13.0%—24.0% 是生育率下降做出的贡献，如果不对人口加以控制，劳动生产率的年平均增长速度将比实际增度低 0.76—1.5 个百分点。e. 如果生育率依旧维持在高水平的话，人均总消费水平的年平均增长速度将比实际增长速度低 1.65—3.0 个百分点，在实际居民生活水平的提高中至少有 25.0%—40.0% 是生育率迅速下降所做的贡献，这一比例甚至可能高达 50.0%。由于模拟的期限还不到 20 年，在这样的时间长度中，生育率下降的经济后果还不可能充分显现出来。同时，模拟中的一些前提条件是按实际情况设置的，模拟的结果和所得出的结论只是确定我国生育率下降对经济增长影响的下限。

② 杨魁孚、陈胜利，等. 中国计划生育效益与投入 [M]. 北京：人民出版社，2000：84-86.

表2-5　我国在实行计划生育和不实行计划生育条件下经济发展水平的比较

年份	国内生产总值（亿元）		人均国内生产总值（元）		居民消费水平（元）	
	实 行	未实行	实 行	未实行	实 行	未实行
1971	2 426.4	2 368.4	284.7	277.8	142.0	141.6
1975	2 997.3	2 707.4	324.3	286.3	158.0	154.8
1980	4 551.3	3 665.1	461.1	344.2	249.0	212.1
1985	8 792.1	5 755.4	830.6	480.4	437.0	319.1
1990	18 319.5	8 015.7	1 602.3	603.7	803.0	418.4
1995	59 404.9	23 291.7	4 904.6	1 583.6	2 311.0	1 021.4
1996	69 366.0	25 988.0	5 667.7	1 731.8	2 726.0	1 164.0
1997	76 077.2	26 966.3	6 153.8	1 762.7	2 936.0	1 121.6
1998	81 003.5	27 464.5	6 490.1	1 757.2	3 094.0	1 131.3

第三节　我国生育政策的调整与完善

　　著名的科学史专家波普尔讲了一个"云和报时钟"的故事。他说：人类社会并不像报时钟一样规则地运行着，而是像流云一样变幻不定，而且云与非云之间的界限模糊不清。而人类行为上细微的差异有时会通过边际上的积累最终产生截然不同的后果，简单的变化将导致令人震惊的复杂反应。于是，西方学界关于公共政策就有了"云与报时钟"的争论。一种观点认为，传统的公共政策带有形而上学机械论式的思维方法，即只要对公共政策进行干预，人们就会如同报时钟一样准确无误地做出某种反应；另一种观点却认为，人们的行为不是报时钟，而是如同流云一样，每个人的行为也互不相同，因此，对公共政策进行干预的效果不可能如同报时钟一样准确无误地反映出来，只能进行大致预测。公共政策环境的不确定性和意外变化，乃至某些偶然事件，经常会对政策执行构成严重的影响。这就是说，政策环境是在不断变化着的，而政府决策者和立法者很难预知政策环境会发生什么样的变化。我国人口生育政策的制定经历了一个较长的时期。在这个过程中，政策的行为主体者不可能如同报时钟一样准确地预见人口生育政策在执行过程中会出现的问题，只能像流云一样进行大致预测。因此，这就要求我们对人口生育政策在执行过程中出现的问题进行调整。

我国以"控制人口数量，提高人口质量"为主要内容的计划生育人口政策，通过几十年的实施，在经济不发达的情况下，有效地控制了人口增长，使我国人口生育水平下降到更替水平以下，实现了我国人口再生产类型的历史性转变，成功地探索出一条具有中国特色的综合治理人口问题的道路。但是，我国人口进入"低人口出生率、低人口死亡率和低人口自然增长率"的低生育水平阶段以后，人口发展又面临着新的机遇和挑战。我国自 20 世纪 80 年代至 21 世纪初期的低人口增长规模和低生育水平，可以说不是社会经济发展的必然产物，而是人口控制和计划生育政策强力干预的结果，主要是通过人口控制和计划生育等外部制约手段来实现的，属于"外生性低生育率"，[①] 不是很稳定，还存在反弹的可能。另外，受 1960—1970 年第二次生育高峰出生人口（目前尚未完全退出育龄期）和 20 世纪 50 年代第一次生育高峰与第二次生育高峰前期出生人口的第二代的叠加影响，21 世纪前期将形成我国育龄妇女人口数的高峰值。

在此背景下，1998 年 3 月，国家人口计生委根据新形势下我国人口问题出现的新情况，适时提出了从 20 世纪末到 21 世纪中叶我国人口与计划生育工作的战略目标，即到 2000 年我国总人口控制在 13 亿人以内；2010 年总人口控制在 14 亿人以内；到 21 世纪中叶我国人口总量在达到峰值（约 16 亿人）后缓慢下降。2000 年 3 月，《中共中央 国务院关于加强人口与计划生育工作 稳定低生育水平的决定》（以下简称《决定》）明确提出了 21 世纪前十年人口与计划生育工作的目标、方针、任务和政策措施。该《决定》同时强调，计划生育是我们必须长期坚持的基本国策。在实现人口再生产类型的转变之后，人口和计划生育工作的主要任务将转向稳定低生育水平，提高出生人口素质。

国家人口计生委人口战略目标和中共中央关于稳定低生育水平决定的

---

① 姚远. 稳定低生育水平与中国家庭养老关系的再思考 [J]. 人口学刊, 2000 (4).

出台，将我国计划生育人口政策的调整工作提上了议事日程。国家人口计生委"中国未来人口发展与生育政策研究"课题组提出了实现这一战略目标的人口政策的措施和设想："以人为本，制度创新，东稳西降，分层推进。"① 王国强针对目前我国人口存在的问题，将我国人口政策从"控制人口数量，提高人口质量"完善为"稳定低生育水平，提高人口素质，改善人口结构，引导人口分布，开发人力资源"。② 这是未来一段时期我国人口政策的发展趋势及其选择。

党的十八大以来，为适应人口和经济社会发展新形势，适时对我国人口政策进行调整，以适应我国人口发展新形势、新情况，以习近平同志为核心的新一届党中央领导集体在党的十八大提出的"坚持计划生育基本国策，逐步完善政策，促进人口长期均衡发展"的基础上，在党的十八届三中全会上通过的《中共中央关于全面深化改革若干重大问题的决定》中强调，要在坚持现行计划生育基本国策的基础上，"启动实施一方是独生子女的夫妇可生育两个孩子的政策"（"单独夫妇"人口生育政策）。中共中央、国务院在印发的《关于调整完善生育政策的意见》中指出：实施单独夫妇两孩生育政策有利于经济持续健康发展、有利于家庭幸福与社会和谐以及有利于促进人口长期均衡发展。在此基础上，2015 年 10 月，党的十八届五中全会又决定在"促进人口均衡发展，坚持计划生育的基本国策"的基础上，"全面实施一对夫妇可生育两个孩子政策"（以下简称"全面两孩"人口生育政策）。由此，我国实施了 30 多年的人口和计划生育政策经历了最大幅度的再一次调整。《中共中央 国务院关于实施全面两孩政策 改革完善计划生育服务管理的决定》中强调：实施"全面两孩"人口生育政策有利于优化人口结构，增加劳动力供给，减缓人口老龄化压力；有利于促进经济社会持续健康发展，实现全面建成小康社会的奋斗目标；有利于更好地落实计划生育基本国策，促进家庭幸福与社会和谐。

---

① 国家人口计生委课题组. 中国未来人口发展与生育政策研究 [J]. 人口研究，2000（3）.
② 王国强. 关于完善我国人口政策的思考 [J]. 人口与计划生育，2005（1）.

针对目前出现的新的人口问题，党的十九届四中、五中全会又分别强调，要进一步"优化生育政策，提高人口质量"，"优化生育政策，增强生育政策包容性"。

第三章 计划生育奖励扶助政策体系的实施及其政策效应

　　我国是在生产力水平比较低、社会保障制度不完善的情况下实施计划生育政策的，由此产生了相当数量的因为计划生育而导致生活困难的家庭。他们有别于一般的由于天灾人祸造成的困难群体，因此，国家有责任在一般的社会救助之外给予他们特别的帮助。这不仅是对实行计划生育家庭的补偿，也有助于树立责任政府的良好形象，有利于促进社会的和谐与稳定。一般认为，计划生育奖励扶助政策体系是指政府通过经济利益杠杆以及其他相关手段，对独生子女户和农村"双女户"家庭和个人进行的以奖励、帮扶、优待、保障等为主要内容的经济利益补偿制度，从而使他们在政治上有地位、经济上有实惠、生活上有保障。政府在不同时期根据社会经济发展状况以及财力情况一直非常重视对实行计划生育的家庭进行一定的物质、精神和金钱上的奖励。《人口与计划生育法》"奖励与社会保障"部分规定：①国家对实行计划生育的夫妻，按照规定给予奖励；②国家建立、健全基本养老保险、基本医疗保险、生育保险和社会福利等社会保障制度，促进计划生育；③自愿终身只生育一个子女的夫妻，国家发给独生子女父母光荣证，并按照国家和地方有关规定享受独生子女父母奖励；④地方各级人民政府对农村实行计划生育的家庭发展经济，给予资金、技术、培训等方面的支持、优惠；对实行计划生育的贫困家庭，在扶贫贷款、以工代赈、扶贫项目和社会救济等方面给予优先照顾。可以说，这是"计划生育奖励扶助政策体系"形成的法律基础。

相对于与生育政策配套衔接的家庭发展支持体系而言，这一时期实施的计划生育奖励扶助政策体系的目的是为实现人口和计划生育政策"控制人口数量、提高人口质量"的目的。

第一节　计划生育奖励扶助政策体系的形成和发展

我国计划生育奖励扶助政策体系可以溯源至 20 世纪 50 年代中期。在这一时期，国家就对实行避孕节育手术的夫妇或家庭给予一定的经济补偿和物质补偿。1957 年 10 月，《国务院关于职工绝育、因病施行人工流产的医药费和休息期间工资待遇问题的通知》明确规定："关于全国职工施行绝育和因病施行人工流产（指为了治疗本人原有疾病和为了防止因生育使本人原有疾病恶化而施行的人工流产）的手术费、医药费以及施行手术后必须休息期间的工资，可参照劳动保险条例第 13 条甲款[①]和乙款[②]的规定办理。没有实行劳动保险条例的部门也可参照执行。"[③] 这可以说是我国计生奖励扶助政策体系的发轫。1963 年 10 月，中共中央在批准的《第二次城市工作会议纪要》中要求：职工做节育和结扎手术的，给予短期休假时间，工资照发。[④] 1982 年 2 月，《中共中央 国务院关于进一步做好计划生育工作的指示》强调：要对独生子女及其家庭发给独生子女保健费，由夫

---

① 1951 年政务院颁布实施的《中华人民共和国劳动保险条例》第 13 条甲款规定：工人与职员疾病或非因公负伤，在该企业医疗所、医院、特约医院或特约中西医师处医治时，其所需诊疗费、手术费、住院费及普通药费均由企业行政方面或资方负担；贵重药品、住院的膳费及就医路费由本人负担，如本人经济状况确有困难，则由劳动保险基金项下酌予补助。患病及非因公负伤的工人职员，应否住院或转院医治及出院时间，应完全由医院决定之。

② 1951 年政务院颁布实施的《中华人民共和国劳动保险条例》第 13 条乙款规定：工人与职员因病或非因公负伤停止工作医疗时，其停止工作医疗期间连续 6 个月以内者，按基本企业工龄的长短，由该企业行政方面或资方发给病伤假期工资，其数额为本人工资 60% 至 100%；停止工作连续医疗期间在 6 个月以上时，其数额为本人工资 40% 至 60%，至能工作或确定为残废或死亡时止。

③ 彭珮云. 中国计划生育全书 [M]. 北京：中国人口出版社，1997:60-61.

④ 彭珮云. 中国计划生育全书 [M]. 北京：中国人口出版社，1997:5.

妇双方所在单位各负担 50%。[①]

随着 20 世纪 80 年代初期形成的具有约束性、强制性生育政策的推行，我国逐步建立并实行了一系列约束性与激励性相结合、以利益为导向的奖励扶助政策体系，形成了以独生子女父母奖励制度、农村计划生育家庭奖励扶助政策体系、独生子女伤残死亡家庭特别扶助制度、免费计生技术服务制度、免费孕前优生健康检查制度以及西部地区"少生快富"工程 6 个方面为基本内容，融奖励、扶助发展、优先优惠、养老保险、医疗保险等多种方式为一体，涵盖经济、社会发展、改善民主等领域的全方位的奖励优惠政策。这一政策体系的核心是奖励扶助，即国家机关、企事业单位及社会团体对自觉实行计划生育的家庭、个人及其子女给予一定的物质奖励。对此，《人口与计划生育法》明确规定："国家对实行计划生育的夫妻，按照规定给予奖励"，"国家建立、健全基本养老保险、基本医疗保险、生育保险和社会福利等社会保障制度，促进计划生育"。2000 年 3 月，《中共中央 国务院关于加强人口与计育工作稳定低生育水平的决定》提出，要"建立和完善计划生育利益导向机制"。2006 年 12 月，《中共中央 国务院关于全面加强人口和计划生育工作统筹解决人口问题的决定》进一步强调，要"全面推行农村计划生育家庭奖励扶助政策体系和'少生快富'工程，落实独生子女父母奖励、计划生育免费基本技术服务制度。积极探索建立独生子女伤残死亡家庭扶助制度"。2011 年 4 月，胡锦涛同志在中共中央政治局集体学习时强调，要进一步"完善人口和计划生育奖励扶助政策体系"。

我国计划生育奖励扶助制度关于奖励扶助金额的具体标准，国家及地方政府在颁布的《人口与计划生育法》《全国农村部分计划生育家庭奖励扶助政策体系》《全国独生子女伤残死亡家庭特别扶助制度》《西部地区"少生快富"工程》《免费孕前优生健康检查制度》等法律法规以及规章制度中均有具体的规定。具体如表 3-1 所示。

---

① 彭珮云. 中国计划生育全书 [M]. 北京：中国人口出版社，1997:18-19.

表 3-1 我国计划生育奖励扶助标准情况

项目	奖励标准
独生子女父母奖励金	一般为一次性 500 元；各地区稍有不同
农村部分计划生育家庭贡献奖励金	每人每年 600 元（夫妻年满 60 周岁后）
独生子女伤残死亡家庭特别扶助金	每人每月 100 元（死亡家庭）； 每人每月 80 元（伤病残家庭）
西部地区"少生快富"工程	一次性 3 000 元
免费孕前优生健康检查制度	一次性 240 元

关于独生子女父母的奖励标准，《人口与计划生育法》规定：自愿终身只生育一个子女的夫妻，国家发给独生子女父母光荣证；获得独生子女父母光荣证的夫妻，按照国家和省（自治区、直辖市）有关规定享受独生子女父母奖励。各省（自治区、直辖市）根据国家《人口与计划生育法》的规定，"一次性发给不低于五百元的奖励金"。

关于农村部分计划生育家庭贡献奖励金、独生子女伤残死亡家庭特别扶助金、西部地区"少生快富"工程标准和免费孕前优生健康检查制度标准，国家和各地区规定的标准有着较大差别。[①] 这里以福建省为例进行特

①　关于农村部分计划生育家庭贡献奖励金、独生子女伤残死亡家庭特别扶助金、西部地区"少生快富"工程标准和免费孕前优生健康检查制度标准，国家和各地区规定的标准有着较大差别。国家人口计生委、财政部在联合发布的《关于开展对农村部分计划生育家庭实行奖励扶助政策体系试点工作的意见》中规定：符合条件的农村计划生育夫妻，按人年均不低于 600 元的标准发放奖励扶助金，直到亡故为止。关于独生子女伤残死亡家庭特别扶助金的标准，国家人口计生委、财政部在联合发布的《全国独生子女伤残死亡家庭扶助制度试点方案》中规定：独生子女死亡后未再生育或收养子女的夫妻，由政府给予夫妻每人每月不低于 100 元的扶助金，直至亡故为止；独生子女伤、病残后未再生育或收养子女的夫妻，由政府给予每人每月不低于 80 元的扶助金，直至亡故或子女康复为止。关于西部地区"少生快富"工程的奖励标准，国家人口计生委、财政部在联合发布的《西部地区计划生育"少生快富"工程实施方案》中规定：对自愿申请参加、符合条件的对象，每对夫妇一次性奖励不少于 3 000 元。关于免费孕前优生健康检查的扶助标准，国家人口计生委、财政部在联合发布的《关于开展国家免费孕前优生健康检查项目试点工作的通知》中规定：每对夫妇免费孕前优生健康检查经费结算标准为 240 元。

别说明。1965 年，福建省计划生育工作会议提出："凡施行计划生育手术的，费用一律免收；手术假期工资照发，不影响全勤、评奖；农村社员做计划生育手术也给予假期，不影响基本口粮；对生活有困难的经社员讨论给予适当补助"。① 这可以说是该省计生奖励扶助政策体系的滥觞。目前，全省计生奖励扶助政策体系主要依靠省、市、县、乡四级财政提供经费来源保障，主要围绕计生家庭的优生优育、子女成才、抵御风险、生殖健康、家庭致富、养老保障以及医疗保险等方面予以奖励或资助。这一政策体系主要包括独生子女父母奖励、农村部分计生家庭奖励扶助、独生子女伤残死亡家庭特别扶助、免费孕前优生健康检查等制度。②

　　根据国家制定的计划生育奖励制度规定的各项内容的奖励标准，各省（自治区、直辖市）根据各自的经济水平以及财力状况制定的奖励标准略有不同。但总的来说，经济比较发达的地区所制定的奖励标准稍高于经济比较欠发达的地区。这里以东部沿海的福建省和西部的宁夏回族自治区为例做比较说明（见表 3-2）。

表 3-2　福建省、宁夏回族自治区计划生育奖励扶助标准情况比较

项目	福建省	宁夏回族自治区
独生子女父母奖励金	一次性不低于 500 元	独生子女保健费：每人每月 12 元（领证至独生子女满 14 周岁）
农村部分计划生育家庭贡献奖励金	每人每年不低于 600 元（夫妻年满 60 周岁后）	每人每年不低于 600 元（夫妻年满 60 周岁后）
独生子女伤残死亡家庭特别扶助金	每人每月不低于 120 元（伤残家庭）、每人每月不低于 150 元（死亡家庭）/女方年满 49 周岁后	每人每月不低于 100 元（伤残、死亡家庭）/女方年满 49 周岁后

---

① 福建省地方志编纂委员会. 福建省志 [M]. 北京：方志出版社，1998:254.

② 计划生育奖励扶助制度的内容一般包括 3 个方面，即奖励扶助、贡献扶助以及特别扶助。而福建省人口计生委在相关文件中对计生奖励扶助制度的内容做了如下界定：法定奖励、贡献奖励、奖励扶助、特别扶助、农村合作医疗补助、免费技术服务（包括免费计生技术服务及免费孕前优生健康检查）。

续表

项目	福建省	宁夏回族自治区
西部地区"少生快富"工程	—	一次性3 000元
免费孕前优生健康检查制度	一次性240元	一次性240元

第二节　计划生育奖励扶助政策体系的评估

人口和计划生育奖励扶助政策体系在促进计生工作方法转变、调动广大人民群众实行计划生育的积极性、密切干群关系、解决部分计生家庭实际困难等方面发挥了重要作用，取得了很大成绩。计划生育奖励扶助政策体系被学术界称作我国计划生育政策在理念、机制、模式和程序等方面的重要创新。[1] 但是，由于种种因素的制约，计划生育奖励扶助政策体系在实施过程中还存在着不少问题。比如，在制度实际推行中出现了"部分群众知晓率不高、工作程序不规范、审核把关不严、调查取证不够深入"等现象；[2] 不同程度上存在着"奖励对象认定程序不完善，宣传工作不到位，信息化建设不足，审核过细，行政成本过高"等问题。[3]

本部分所使用的调查数据来自2011年10—11月、2012年5月在福建省泉州市、厦门市等对不同群体所做的关于人口和计划生育奖励扶助政

———————————

[1] 邬沧萍，苑雅玲. 农村计划生育家庭分享控制人口取得成果的政策研究 [J]. 人口与经济，2004（5）.

[2] 高文力，等. 农村部分计划生育家庭奖励扶助制度试点地区群众认知情况调查概述 [J]. 人口与计划生育，2005（6）.

[3] 周美林. 计划生育家庭特别扶助制度若干问题研究 [J]. 人口研究，2011（3）.

体系影响的调查。① 调查样本按照多阶段抽样②的方法抽取。本次调查共发放 800 份问卷。③ 调查样本的自变量主要包括奖励扶助政策体系被实施者的性别、年龄、婚姻情况、文化程度、职业、家庭人均年收入、结婚年龄、生育年龄、子女情况 9 个方面。因变量主要有"您对'人口和计划生育利益导向政策'的知晓情况""您及您的家人是否享受过'人口和计划生育利益导向政策'中的待遇及相关情况""关于'独生子女父母奖励制度'""关于'免费计划生育技术服务制度'""关于'农村部分计划生育家庭奖励扶助政策体系'""关于'计划生育家庭特别扶助制度'""关于'免费孕前优生健康检查制度'"7 个部分;每一部分的内容包括

---

① 本次调查分别于 2011 年 10—11 月和 2012 年 5 月在福建泉州市鲤城区、石狮市、南安市和安溪县四地进行。调查样本按照多阶段抽样的方法抽取。在泉州市共发放 500 份调查问卷(其中鲤城区 200 份,石狮市、南安市和安溪县各 100 份),回收问卷 485 份,有效问卷为 463 份,所占比例分别为 97.0%、92.6%。在厦门市共发放 300 份调查问卷(其中同安区 150 份、集美区 150 份),回收问卷 281 份,有效问卷为 271 份,所占比例分别为 93.6%、90.3%。调查样本的自变量主要包括利益导向政策体系受施者的性别、年龄、婚姻情况、文化程度、职业、家庭人均年收入、结婚年龄、生育年龄、子女情况 9 个方面。因变量主要有"您对'人口和计划生育利益导向政策'的知晓情况""您及您的家人是否享受过'人口和计划生育利益导向政策'中的待遇及相关情况""关于'独生子女父母奖励制度'""关于'免费计划生育技术服务制度'""关于'农村部分计划生育家庭奖励扶助制度'""关于'计划生育家庭特别扶助制度'""关于'免费孕前优生健康检查制度'"7 个部分;每一部分均包括知晓情况、经费情况、您认为合适的金额以及是否同意取消该项制度 4 个方面的内容。

② 多阶段抽样是指将抽样过程分阶段进行,每个阶段使用的抽样方法往往不同,即将各种抽样方法结合使用。其实施过程为,先从总体中抽取范围较大的单元,称为一级抽样单元,再从每个抽得的一级单元中抽取范围更小的二级单元,依此类推,最后抽取其中范围更小的单元作为调查单位。

③ 统计学中通过以 30 为界,把样本分为大样本(30 个个案以上)和小样本(30 个个案以下)。之所以如此区分,是因为当样本规模大于 30 时,无论总体的分布情况如何,其平均数的抽样分布将接近于正态分布。考虑到社会科学研究问题的特殊性,其样本规模一般要大于统计学规定的界线。在 95% 的置信度条件下(t=1.96),样本规模等于 300 时,其反映的总体规模为 10 000 左右,即在 95% 的置信度条件下(t=1.96),300 份样本足以说明 10 000 份总体的特征。本部分选取的是福建省泉州市、厦门市不同群体规模 800 人,能够说明总体的基本情况。

知晓情况、经费情况、您认为合适的金额以及是否同意取消4个方面。

本部分主要从受访对象对奖励扶助政策体系的知晓、认同、确认、监督等几个方面进行分析。

一、计生群众对奖励扶助政策体系的知晓情况

调查数据显示,3/4以上的受访对象知道奖励扶助政策体系,1/4的调查对象表示不知道。在参与调查的463人中,有77.3%的人表示"知道"奖励扶助政策体系,有9.9%的人表示"不知道",有6.5%的人表示"不关心"这件事。同时,在参与调查的463人中,有31.2%的人表示"非常了解"奖励扶助政策体系,有62.3%的人表示"一般"了解,还有6.5%的人表示"不了解"这件事。这也说明,通过各级人口和计划生育干部的大力工作,奖励扶助政策体系已经被大多数的人知晓了。调查数据同时显示,对利益导向政策知晓情况表示"不知道"的访谈者,与他们的性别、年龄、婚姻情况、文化程度、职业、家庭人均年收入、结婚年龄、生育年龄和子女情况等属性之间存在着一定的关系。从年龄上来说,已婚、已育的人群对利益导向政策的知晓及对内容的了解程度要比其他人群高;从文化程度来说,文化程度较高的人群的知晓程度比文化程度较低的知晓程度高。

二、计生群众对奖励扶助政策体系的认同情况

一方面,从总体上来说,无论是计生干部还是计生群众都对奖励扶助政策体系有较高的认同感。调查数据显示,86.8%的计生干部对奖励扶助政策体系持肯定态度,认为其体现了党"以人为本,执政为民"的理念;同时,奖励扶助政策体系的实施也有利于各级人口计生工作者开展工作,使人口计生干部的形象得到改善。也有80.6%的计生群众对奖励扶助政策体系持"赞成"或"支持"态度,而持"不赞成"或"不支持"态度的只是少数人,即使是这部分人也不同意"取消奖励扶助政策体系"。

但另一方面,关于奖励扶助政策体系主要条款以及奖扶金额标准的

调查数据显示，有90.5%的被访谈者认为奖励扶助政策体系的主要条款以及关于奖扶金额标准的规定是不合理的。他们普遍认为政策体系所包括的奖扶条款没有涉及目前计生的全部内容，还应该得到进一步的拓展；同时，奖扶金额标准过低，与目前社会经济发展水平相比还有提升的空间。

关于计生群众对奖励扶助政策体系作用的认同情况，主要包括以下4个方面的内容。

第一，群众对奖励扶助政策体系改善民众生活作用的认同情况。由于目前奖励扶助政策体系中"奖、优、免、扶、保"奖扶金额标准较低，因此，有相当比例的群众认为其对他们的生活帮扶有限。例如，关于利益导向政策的奖励及扶助金额合适情况的调查数据显示，认为"独生子女父母奖励经费合适金额"为501—1 000元的有16.2%，为1 001—1 500元的有22.7%，为1 501—2 000元的有10.4%，而有高达33.8%的访谈者选择了"2 001元及以上"这个选项。

第二，群众对奖励扶助政策体系稳定低生育水平作用的认同情况。实施奖励扶助政策体系的重要目标之一，就是要引导更多农民自觉实行计划生育。奖励扶助政策体系是否真正能够起到这一方面的作用呢？只有24.4%的受访者认为实施奖励扶助政策体系能够减少生育数量，对稳定低生育水平会产生一定作用。

第三，群众对奖励扶助政策体系改变人们生育子女性别偏好作用的认同情况。奖励扶助政策体系将独生子女户及"双女户"家庭纳入奖扶对象，但对符合计划生育政策的生有一男一女的夫妇不予奖扶，这一规定是否能够改变群众在生育子女过程中的性别偏好呢？有33.8%的受访者认为有一定作用。

第四，群众对奖励扶助政策体系改善干群关系作用的认同情况。调查数据显示，有超过2/3的受访者认为奖励扶助政策体系对改善干群关系"有很大作用"或"有一些作用"。

三、关于"奖、优、免、扶、保"对象的确认情况

由于实行严格的资格确认,目前绝大多数干部群众对奖励扶助政策体系"奖、优、免、扶、保"对象的资格确认持赞同的态度。从资格确认的角度来说,他们认为这些程序是必要的,可操作性也非常强。持保留态度的少数人(比例为11.2%,主要是年龄比较大的那部分受访者)也不是反对资格确认的程序,而是认为手续"过程太烦琐",如那些"不太满意"的奖扶对象主要是觉得各种证件(身份证、户籍证明、婚姻和生育证明等)要求严格,而这些人年岁较高,有些证件或者本来就没有,或者遗失,颇费周折。因此,手续应该进一步简化。

四、对奖励扶助金额的认同

奖励扶助政策体系中长年不变的奖励及扶助金额,相对于逐年上涨的物价和消费水平,其价值已越来越小。研究显示,20世纪80年代初期,全国各地的独生子女父母奖励金标准为每月发给5元(父母双方单位各负担2.5元),是当时全国平均货币工资的4%;目前独生子女父母奖励金为500元(父母双方单位各负担250元),但只相当于2008年全国平均货币工资的0.4%。也就是说,2008年初期独生子女父母奖励金的相对货币价值只有20世纪80年代初期的1/10。由于独生子女父母奖励金没有建立起动态调整机制,独生子女父母奖励金所起到的激励机制已经减弱,该项政策也逐渐被边缘化。[①]

《福建省计划生育条例》规定,自愿终身只生育一个子女并申领独生子女父母光荣证的独生子女父母奖励金额为500元。在参与调查的463人中,只有35.7%的人认为目前独生子女父母奖励金额500元是比较合适的,有高达58.4%的人认为这个数额比较少。计划生育家庭奖励扶助金额应按每人每年不低于600元的标准发放,只有29.2%的人认为目前计划生育家庭奖励扶助金额600元是比较合适的,有高达59.7%的人认为这个数额偏少。福建省计划生育家庭特别扶助金额按夫妻双方每人每月不低于120元、

---

① 周美林. 计划生育家庭特别扶助制度若干问题研究 [J]. 人口研究,2011 (3).

子女死亡或伤残家庭夫妻双方按每人每月不低于150元的标准发放扶助金，直至亡故或子女康复为止。调查数据显示，只有35.7%的人认为目前计划生育家庭特别扶助金额是比较合适的，有高达59.1%的人认为这个数额偏少。每对夫妇免费孕前优生检查费为240元，调查数据显示，只有20.1%的人认为目前免费孕前优生检查金额是比较合适的，有高达76.8%的人认为这个数额偏少（见表3-3）。目前到医院仅做常规彩超一般收费就要上百元，整套检查收费会更高。也就是说，包括众多项目的免费孕前优生健康检查的费用是远远不够的，这会影响育龄群众参加检查的积极性。

表3-3　关于奖励及扶助金额合适情况的调查

	独生子女父母奖励金额（%）	计划生育家庭奖励扶助金额（%）	计划生育家庭特别扶助金额（%）	免费孕前优生检查金额（%）
合适	35.7	29.2	35.7	20.1
比较多	3.9	6.5	4.5	1.8
比较少	58.4	59.7	59.1	76.8
合计	100.0*	100.0*	100.0*	100.0*

*调查问卷中存在空白值，即缺失值。

关于利益导向政策的奖扶金额合适情况的调查数据显示，只有很少一部分人认同目前的奖扶水平是合理的，而绝大多数受访者认为应该大幅提高奖扶额度。如关于独生子女父母奖励经费合适数额的调查显示，只有16.2%的人赞同目前500元的水平，有33.8%的人认为可以提高到2001元及以上的水平（见表3-4）。

表3-4　关于奖励扶助金额合适情况的调查①

独生子女父母奖励经费合适数额		计划生育家庭奖励扶助经费合适数额		计划生育家庭特别扶助经费合适数额		免费孕前优生检查经费合适数额	
数额	频率（%）	数额	频率（%）	数额	频率（%）	数额	频率（%）
500元	16.2	600元	1.3	1200元	21.4	240元	5.8

————————

① 表中的频率即选择该项人数占总人数的比例。

续表

独生子女父母奖励经费合适数额		计划生育家庭奖励扶助经费合适数额		计划生育家庭特别扶助经费合适数额		免费孕前优生检查经费合适数额	
数额	频率（%）	数额	频率（%）	数额	频率（%）	数额	频率（%）
501—1 000 元	16.2	601—1 000 元	12.3	1 201—2 400 元	8.4	241—360 元	11.1
1 001—1 500 元	22.7	1 001—1 500 元	20.1	2 401—3 600 元	26.6	361—480 元	10.5
1 501—2 000 元	11.1	1 501—2 000 元	18.8	3 601 元及以上	42.2	480—720 元	22.7
2 001 元及以上	33.8	2 001 元及以上	47.4	—	—	721 元及以上	49.9

五、关于奖励扶助政策体系的奖扶金的领取

奖励扶助政策体系实现了奖扶金社会化的"直通车"。按照相关规定，奖励扶助政策体系的奖扶金按照统一要求建立奖扶对象个人账户，实行专账核算和直接拨付的办法，并由有资质的机构进行发放。财政和人口计生部门都不介入资金发放，避免截留或挪用。这不仅提高了工作效率，也增加了工作的透明度。因此，90.8%的受访者对这个办法持赞成态度。

六、关于奖励扶助政策体系的监督

按照相关规定，基层单位应对奖扶对象名单进行张榜公布，接受群众的监督。奖励扶助政策体系的规定和运行过程的透明性使这项政策体系实际处于群众的监督之下。因此，93.1%的受访者认为这个方法很好，基本达到了"公开、透明、公平、公正"的要求。但也有不少群众认为，"公开、透明"程度应进一步提高，有利于监督。

第三节 计划生育奖励扶助政策体系实施中的困境

虽然以"奖、优、免、扶、保"为主要内容的计划生育奖励扶助政策体系在转变人们生育观念、化解人口反弹形势、改善干群关系以及缓解社会矛盾等方面取得了一定成绩，但计划生育奖励扶助政策体系在实施过程

中还是存在一些问题与不足之处。主要表现在以下几个方面。

一、群众对计划生育奖励扶助政策体系内容的了解情况还有差距，这成为妨碍其进一步落实的重要因素

在参与调查的访谈对象中，有 9.9% 的人表示"不知道"人口和计划生育利益导向政策，有 6.5% 的人表示"不关心"这件事；有 62.3% 的人对奖励扶助政策体系的内容表示"一般"了解，还有 6.5% 的人表示"不了解"这件事。对利益导向政策知晓情况表示"不知道"的访谈者与他们的性别、年龄、婚姻情况、文化程度、职业、家庭人均年收入、结婚年龄、生育年龄和子女情况等属性之间存在着一定的关系。

二、相对于社会经济发展状况、消费水平以及人们的预期程度，计生奖励扶助政策体系的奖扶标准过低、覆盖面窄、受益滞后

计划生育奖励扶助政策体系中多年不变的奖励及扶助金额，相对于逐年上涨的物价和消费水平，其价值已越来越小。这些问题的存在在相当程度上影响了制度导向、激励作用的发挥。以福建省独生子女父母奖励金为例（见表 3-5），1988 年通过的《福建省计划生育条例》对独生子女父母奖励标准的规定是："国家干部、职工的奖励金每月 4 至 5 元，发至孩子 14 周岁；或者一次性发给不高于 400 元的奖励金，由夫妻所在单位各发给一半。"这分别相当于当时城镇居民人均可支配收入、农民人均纯收入的 11.11% 和 2.91%（1980 年福建省城镇居民人均可支配收入、农民人均纯收入分别为 450 元和 172 元）。目前，福建省独生子女父母一次性奖励经费为 500 元，但只相当于同期城镇居民人均可支配收入、农民人均纯收入的 2.29% 和 6.73%（2010 年福建省城镇居民人均可支配收入、农民人均纯收入分别为 21 781 元、7 427 元）。由于没有建立起随着社会经济发展不断调整的相应动态调整机制，独生子女父母奖励金所起到的导向、激励作用已逐渐减弱。同时，随着价格指数及消费水平的上涨，独生子女父母奖励金产生了边际效用递减现象。1980 年和 2010 年，福建省各种价格总指数

（以 1978 年为 100.0，下同）分别为 108.2（其中城市、农村分别为
109.2、107.6）和 540.2（其中城市、农村分别为 627.0、469.5）；商品零
售价格指数分别为 108.8 和 439.8。① 也就是说，在 20 世纪 80 年代初期，
每月 4—5 元的独生子女父母奖励金（或一次性 400 元奖励）相对于当时
的物价和消费水平，对计生群众会产生一定的引导力或正向激励作用；但
目前一次性 500 元的独生子女父母奖励金相对于当前物价和消费水平就显
得微不足道了。全国性情况也说明了这一点。

表 3-5　福建省计划生育奖励扶助四项制度的奖励扶助标准

项目	奖励标准
独生子女父母奖励经费	一次性 500 元
农村部分计划生育 家庭贡献奖励经费	每人每月不低于 30 元（60 岁前） 每人每年不低于 600 元（60 岁后）
独生子女伤残死亡 家庭特别扶助经费	子女伤残家庭每人每月不低于 120 元 子女死亡家庭每人每月不低于 150 元（女方年满 49 周岁后）
免费孕前优生 健康检查经费	每对夫妇检查经费 240 元

注：表内资料引自福建省人口和计划生育委员会 2011 年 12 月编印的《福建省人口和计划生
育规范性文件汇编》。

　　本次调查中受访者的感受也可以说明这一点。对于独生子女父母奖励
金、农村部分计生家庭贡献奖励金、独生子女伤残死亡家庭特别扶助金和
免费孕前优生健康检查金的额度，分别只有 20.2%、26.2%、21.2% 和
18.1% 的受访者认为比较合适，有高达 75.5%、67.3%、74.5% 和 80.2%
的人认为这个数额偏少。

　　再以福建省泉州市鲤城区的情况为例。2010 年该区居民人均可支配收
入为 27 447.5 元，同期其城镇居民最低生活保障标准为每人每月 320 元。
但该区独生子女父母奖励金一直沿用 500 元的标准，同时对"二女"结扎
户、低保户每人每年补助 480 元、独生子女户每人每年补助 240 元。与消

---

① 福建省统计局. 福建省统计年鉴（2011）［J］. 北京：中国统计出版社，2011:187-
189.

费、物价水平的不断上涨相比，计划生育群众的受益水平越来越低，因此，计生奖励扶助政策体系的激励和导向作用日益弱化、对群众的吸引力日趋降低也就成为必然。

三、奖励扶助政策体系与惠民政策缺乏良好的统筹与衔接，产生了一定的"逆向"作用

奖励扶助政策体系原本是一种经济上的"奖、优、免、扶、保"，它通过一定程度的政策帮扶，达到有效的"正向"激励。近年来，国家为了改善民生、提高人民生活水平，出台了一系列惠民政策。由于奖励扶助政策体系缺乏与这些惠民政策的良好统筹与衔接，以致在一些地区产生了"逆向"作用。目前政府的许多惠民政策是以家庭人口数量为计算依据的（如土地补偿政策、拆迁补偿政策、国家义务教育的"两免一补"政策等），这意味着家里多一个人就多一份补偿。另外，目前推行的农村低保、义务教育"两免一补"、新农合等惠民政策，无论在资格确认还是在享受标准上，均没有体现对计划生育家庭的优先优惠或区别对待。[1] 违反计划生育的家庭照样可以享受政策优惠，而独生子女家庭由于人口少、负担轻反而不符合扶助条件。这些惠民政策在很大程度上降低了家庭抚养子女的教育、医疗和生活成本，使得有更多孩子的家庭负担更轻、顾虑更小了。由于这个原因，它对转变广大群众生育意愿和生育行为的"正向"激励作用正在弱化。

四、奖励扶助政策体系在实践过程中又产生了新的不容忽视的问题

随着社会经济的发展，奖励扶助政策体系在实践过程中又面临着许多新的问题。这些问题如果得不到有效解决，会影响其有效实施。这主要体现在以下几个方面：①在目前"单位"呈现出越来越多元化的社会组织形

---

[1] 农工党中央专题调研课题组. 进一步完善计划生育利益导向政策体系建设［J］. 前进论坛，2011（2）.

态的情况下，以单位为主落实计生奖扶政策，有一些已失去了原有的政策基础以及法理依据，从而使计划生育奖励政策难以为继；另外，由于一些部门采用产业化、市场化的运作方式，对这些优惠政策难以认同和接受，即使勉强做出让步，优惠政策也难以实际操作和落实到位。这些原因导致这些优惠与奖励措施难以真正落实。②随着农村人口计生奖扶政策的逐步落实，处于边缘化的"城镇社会人"的计生奖扶政策的落实问题也日益凸显出来。大量的"城镇社会人"（如城镇个体户、自谋职业者、无业人员等），其中还包括一些家庭经济困难的计生户，他们的计划生育奖扶经费由谁落实、怎么落实，目前尚处于"空白"，并由此成为他们拒绝或者逃避计生政策的借口。③相对于不符合《人口与计划生育法》第十八条关于生育子女的公民所缴纳巨额的社会抚养费①的规定而言，计划生育奖励经费显得微不足道。这一点，基层群众颇有微词，他们甚至建议：应该将征收的巨额的社会抚养费用作计划生育奖励经费，真正做到"取之于民，用之于民"。④流动人口中的奖励扶助政策体系尚未建立，这一部分群体还没有享受到奖励扶助政策体系的阳光沐浴。我国第六次人口普查统计数据显示，2010 年我国居住地与户口登记地所在的乡镇街道不一致且离开户口登记地半年以上的人口为 2.6 亿多人；与我国第五次人口普查相比，增长了 81.03%。但是，目前我国相当部分的流动人口既无法享受流入地城镇居民的待遇，也无法享受原流出地农村农民的待遇，流动人口中的利益导向机制尚未建立起来。⑤在奖励扶助政策体系的落实过程中，各部门的协调运作机制尚未建立，人口计生部门尚未摆脱"孤军作战"的困境。虽然国家相关法律法规对教育、公安、卫生等部门在奖励扶助政策体系落实过

---

① 根据《福建省人口与计划生育条例》第三十九条规定，按当事人违法行为被查出的上一年县（市、区）城镇居民人均可支配收入或者农民人均纯收入的以下倍数征收社会抚养费：a. 提前生育的，按百分之六十至一倍征收；b. 多生育一个子女的，按二倍至三倍征收；多生育第二个子女的，按四倍至六倍征收；多生育第三个以上子女的，从重征收；c. 婚外生育一个子女的，按四倍至六倍征收；婚外生育第二个以上子女的，从重征收。个人年实际收入高于当地城镇居民人均可支配收入或者农民人均纯收入的，可以以个人年实际收入为基数，按照前款规定征收社会抚养费。

程中的地位和作用有非常明确的分工，但由于部门工作的着眼点不同，人口计生部门涉及与其他部门的沟通协作问题时，往往是就具体的问题进行临时沟通，没有形成制度化、规范化，从而导致奖励扶助政策体系的落实工作主要靠人口计生部门来推动。① ⑥奖励扶助政策体系在具体实施过程中，有一些基层存在着重文件轻落实，或者此一时彼一时的情况，从而使一些优惠政策的实施流于形式，停留在文件上。目前，我国奖励扶助政策体系的实施一般实行省、市、县、乡镇四级政府分级负责的形式；但在实际工作中，有一些经济比较落后的地区在经费筹措以及优惠政策的落实方面会打折扣。

由于以上诸多原因，虽然目前我国奖励扶助政策体系实施气氛热烈，但实施效果远没有达到预期。以福建省免费孕前优生健康检查制度为例进行说明，自 2011 年 7 月 1 日免费孕前优生健康检查全面实施以来，虽然参与免费孕前优生健康检查的计划怀孕夫妇的人数呈现出上升的势头，但从检查人群的覆盖率来看还是比较低的，且表现出各地区分布不均衡的现象。截止到 2011 年 8 月 31 日，全省参与免费孕前优生健康检查的计划怀孕夫妇为 57 946 人，但只占全省计划怀孕夫妇数的 14.81%。从检查人群覆盖率来看，覆盖率最高的泉州市为 21.35%，最低的平潭县只有 7.3%（见表 3-6）。

表 3-6 福建省免费孕前优生健康检查项目进展情况

城市	计划怀孕夫妇数（对）	接受孕前优生健康检查情况	
		已检查人数（人）	检查覆盖率（%）
福州市	69 777	11 149	14.81
厦门市	35 085	3 346	9.54

① 这一现象的产生与人口和计划生育利益导向政策体系建设中的法制化成分不足有着很大的关系。虽然《人口与计划生育法》早已颁布并实施，但它对于不落实计划生育利益导向政策体系的部门和个人却并没有相应的惩罚约束。计划生育利益导向政策体系的落实、考核工作多靠政府多个部门的文件。实践证明，由于考核与各部门的业务运行规则存在矛盾，增加了工作负担，导致计划生育的行政成本越来越高，影响到了这些与相关部门共同制定的政策的落实。

续表

城市	计划怀孕夫妇数（对）	接受孕前优生健康检查情况	
		已检查人数（人）	检查覆盖率（%）
漳州市	48 848	7 372	15.09
泉州市	75 274	16 074	21.35
三明市	27 884	3 720	13.34
莆田市	27 311	3 146	11.52
南平市	36 787	5 367	14.59
龙岩市	32 504	3 142	9.67
宁德市	34 264	4 367	12.75
平潭县	3 604	263	7.30
合　计	370 883	57 946	14.81

资料来源：福建省人口和计划生育委员会办公室：《人口信息》第1期（福建省免费孕前优生健康检查项目工作增刊），2011年9月27日。

第四节　计划生育奖励扶助政策体系的完善对策

我国计划生育奖励扶助政策体系是特定社会背景下的产物。它为我国社会经济及人口可持续发展做出过重要贡献，但随着法律法规的日益完善以及政府职能的转变，该制度已日渐显露出不能适应新时期人口和计生工作需要的种种问题。因此，改进和完善制度是人口计生工作的必然选择。鉴于我国计生奖励扶助政策体系在实施过程中存在的问题，可以从以下几个方面进行完善。

一、根据社会经济发展水平，适时提高计生奖励扶助金额

改革开放以来，我国经济社会发展迅速，取得了显著成绩。统计数据显示，1978年、2010年，我国国民总收入、国内生产总值、国家财政收入分别增长了110.62倍、110.06倍、73.39倍；1980年、2010年，我国城镇居民家庭人均可支配收入、农村居民家庭人均纯收入分别增长了44.01倍、30.94倍；1990年、2008年，我国工人平均工资年收入增长

了9.8倍。但是同一时期我国计划生育奖励标准却没有得到同步增长。20世纪80年代初期，当时绝大多数省份的独生子女父母奖励金（保健金）为每年120元；目前，绝大多数省份的独生子女父母奖励金为每年500元，只增长了4倍多一点，相对于国民总收入、国内生产总值的增长速度来说，计划生育奖励制度的奖励标准的增长幅度过于缓慢。

要充分发挥计生奖励扶助政策体系的激励作用，使社会发展成果更多地惠及制度覆盖人群，大幅度提高计生奖励扶助金标准是非常必要且可行之策。这是因为：第一，政府财力可以承担。改革开放以来，福建省经济一直处于发展"快车道"，平均增幅达到了两位数以上。2009年，福建省地区生产总值是1980年的140多倍，因此，各级财政完全有能力承担计生奖励扶助金标准的提高。第二，符合民意。计生奖励扶助标准多年来调整幅度非常小。实行计划生育的家庭少生孩子，在为国家做出重大贡献的同时，可能还要承受在生产、生活方面的困难以及孩子夭折、晚年无依靠等难以预测的风险。虽然不能判定某一户独生子女家庭将来的具体风险，但的确在某一时期、某一地区，总有一定比例的独生子女家庭会成为残缺家庭。从全局来看，独生子女家庭的风险还具有一种积累效应。① 因此有学者认为，"独生子女家庭本质上是风险家庭"。② 何况我国计划生育政策实行几十年来，已有许多家庭为此做出了重大牺牲。本次调查也显示，受访者中认为"独生子女父母奖励金合适金额"应为501—1 000元、1 001—1 500元和1 501—2 000元的比例分别达到16.2%、22.7%和11.1%，而有高达33.8%的受访者选择了"2 001元及以上"选项；认为"农村部分计划生育家庭贡献奖励金合适金额"应为601—1 000元、1 001—1 500元和1 501—2 000元的比例分别为12.3%、20.1%和18.8%，而有高达47.4%的受访者选择了"2 001元及以上"选项；认为"独生子女伤残死亡家庭特别扶助费合适金额"应为1 201—2 400元和2 401—3 600元的有8.4%和26.6%，而有高达42.2%的访谈者选择了"3 601元及以上"选项；认

---

① 穆光宗. 独生子女家庭本质上是风险家庭 [J]. 人口研究, 2004 (1).
② 李兰永. 重视独生子女意外死亡家庭的精神慰藉需求 [J]. 人口与发展, 2008 (6).

为"免费孕前优生检查费合适金额"应为 241—360 元、361—480 元和
480—720 元的比例分别为 11.1%、10.5%和 22.7%，而有高达 49.9%的受
访者选择了"721 元及以上"选项。因此，从情理上讲，提高计生奖励扶
助的最低标准是顺民意、安民心之举。

二、完善制度设计，实现计生奖励扶助政策体系与其他制度的良好统筹与衔接

在制定和实施相关普适性优惠政策时，应充分统筹考虑、兼顾计划生
育家庭的优先优惠，在"普惠"基础上实行"特惠"。这可以从以下几个
方面进行制度设计：①国家各项惠民政策如果按人头落实补助资金的，对
农村独生子女可以考虑按 2 个子女数来计算，二女户可以考虑按 3 个子女
数（有条件的地方可以按 4 个子女数）来计算；如果按家庭（户）落实补
助资金的，农村独生子女户可以考虑以 1.5 家庭（户）来计算，二女户可
以考虑在原有基础上提高 30%的标准进行计算。在财力比较薄弱的边远地
区及农村，所需资金可以考虑由县级及以上财政安排专项资金予以解决，
或者从征收的社会抚养费中安排专项资金予以解决。②在实施新型农村合
作医疗制度（新农合）、新型农村合作保险制度（新农保）等惠民政策时，
家庭经济情况较差的农村独生子女和二女户父母以及子女的"参合费用"
"参保费用"可以考虑由政府全额负担；家庭经济情况较好的家庭可以由政
府负担一部分（按 50%及以上比例负担）。在财力比较薄弱的边远及农村地
区，所需资金可以考虑由县级及以上财政安排专项资金予以解决，或者从征
收的计划生育社会抚养费中安排专项资金予以解决。③按照国家及各级政府
相关规定获得计生奖励及扶助金的农村独生子女家庭、二女户家庭，在享
受农村低保时可以考虑不将这部分资金计入家庭收入；而农村独生子女、
二女户父母或家庭在享受计生奖励优惠政策的同时，不影响其享受其他普
惠、优惠待遇。④由县级及以上政府财政拨出专款，用于解决因村、乡镇
一级财政困难所涉及的计生奖励与扶助方面的待遇问题。

就制度间的统筹和衔接问题，还有一些观点值得借鉴。有学者提出，

将计生奖励扶助政策体系并入现正在试点并将在全国普遍推行的农村新型养老保险制度，建立"新型农村部分计划生育家庭养老保险制度"，以规避奖扶制度的各种风险。其设计的奖励补助标准为：符合条件的计生户可以从 35 岁开始缴费直至 59 岁为止，如果对独生子女、双女户缴费标准设为每人每年 200 元，以一年期银行存款利率 2.25% 计算，25 年中其个人账户存款额为 6 763 元；中央和地方分担比例可以按照现行奖扶制度的分担比例执行。各地可根据本地农村居民的年收入水平和地方财政情况，适当提高奖励扶助标准。①

填补制度对年龄限定形成的奖扶对象受益空档期，实现与国家相关保障制度的衔接。填补奖扶对象从领证到 60 岁间的空档期，可以在制度设计上做如下改进：农村计生家庭在领取独生子女奖励金后至 60 岁前，政府可以考虑给予此类家庭每月或每年一定数额的奖励。至于奖励金额的多少，可以根据各地的财力统筹考虑。在这方面，部分省份已开始先试先行。例如，山西省规定，在享受原有计生奖励政策的基础上，政策覆盖人群可进一步延长受益时间、提高标准：农村独生子女父母从领证到 60 岁，夫妻双方每人每月可领取 50 元独生子女父母奖励金；60 岁后则自动适用国家相关保障制度直至亡故。这一规定填补了农村独生子女父母在子女 16 岁到其 60 岁之间奖扶政策的空白，实现了与国家相关制度的衔接。这一做法具有很好的借鉴意义。

三、逐步建立健全针对流动人口群体的奖励扶助政策体系

流动人口已成为我国社会中一个非常重要的阶层或者说是群体。他们为社会经济发展做出了重要贡献。但目前，关于流动人口的利益导向政策处于"流出地管不着、流入地管不了"的尴尬局面，流动人口成为游离于奖励扶助政策体系之外的一个群体。这与他们对社会经济发展所做出的贡献是不相称的。因此，建立健全流动人口奖励扶助政策体系，完善流动人口计划生育保障机制与激励机制，是适应新形势下流动人口计生管理工作

① 石人炳，李明. 农村奖扶制度的风险及改革建议 [J]. 人口研究，2011 (2).

的迫切要求。

具体做法有：①在经济条件允许的地区，逐步落实流动人口计划生育家庭的流动人口发放与常住人口同等的独生子女保健费，以及享受其他优惠待遇；其他地区视情况适时建立。②对实施计划生育的家庭实行与本地居民相同的奖励优待政策，如实施独生子女父母奖励制度、免费计划生育技术服务制度、农村计划生育家庭奖励扶助政策体系、计划生育家庭特别扶助制度、免费孕前优生健康检查制度，等等。

第四章 "单独两孩"生育政策的实施及其政策效应

第一节 "单独两孩"生育政策的实施

在党的十八大提出的"坚持计划生育基本国策，逐步完善政策，促进人口长期均衡发展"的基础上，党的十八届三中全会通过的《中共中央关于全面深化改革若干重大问题的决定》强调要在坚持现行计划生育基本国策的基础上，"启动实施一方是独生子女的夫妇可生育两个孩子的政策"（"单独两孩"生育政策）。"单独两孩"人口生育政策的实施，标志着我国实行了数十年之久的计划生育人口政策开始了最大幅度的调整。自 2014 年 1 月浙江省率先启动"单独两孩"生育政策以来，至 2014 年 6 月，除西藏自治区、新疆维吾尔自治区外，全国绝大多数省（自治区、直辖市）对《人口与计划生育条例》进行了修改，实行"单独两孩"生育政策。2014 年 3 月 29 日，福建省第十二届人大常委会八次会议表决通过了关于修改《福建省人口与计划生育条例》的决定，规定"夫妻一方为独生子女"的，经过批准可以再生育一个子女。

"单独两孩"生育政策调整效应的评估包括两个层面的问题：一是政策放开的直接效应，即符合政策的人群中哪些人会选择再生育、会在什么时间生育、两孩的性别比如何等；二是政策放开可能存在的一些不可控因素和风险评估，即对人口、经济和社会产生何种影响。这些都要求做出回答。

第二节　"单独两孩"生育政策下适龄 人群生育意愿和生育行为

生育意愿是指人们在生育子女方面的愿望和要求。它是一个多维的概念，体现在对生育孩子的数量、时间、性别、素质等方面的期望。影响生育意愿的因素是多方面的，包括经济社会、文化习惯和社会政策等因素。一方面，由于生育意愿涉及人们对子女未来（包含经济上的回报）的一种期待，即"养儿（女）防老"，所以生育意愿主体的经济收入因素对人们的生育意愿会不可避免地产生影响，即随着生育意愿主体经济收入的提高，其生育意愿会呈现出反向的变化。[①] 从一定意义上来说，生育意愿一定程度上体现了生育主体对生育孩子的数量、时间、性别、素质等方面的期望，由此会对人们的生育行为产生一定影响。另一方面，由于生育意愿受到生育主体的年龄、职业、经济状况、受教育程度、家庭情况多方面的影响，生育意愿对生育主体的生育行为的影响又具有不确定性。

一般认为，"单独两孩"人口生育政策启动后新增出生人口的数量，是由众多因素共同影响的。在这些影响因素中，单独夫妇的两孩生育意愿具有重要意义。这是因为单独夫妇是新政启动后生育的主体，他们的生育意愿在相当程度上决定着新政启动后新增出生人口数量的多少。[②] 目前，不同研究机构和个人对单独夫妇两孩生育意愿进行过一些调查，并由此推测可能因新政新增出生人口的数量。根据国家卫计委、中国人口信息中心组织的 2013 年全国生育意愿调查数据推断，全国约有 80% 的家庭希望能够生育两个孩子，符合"单独两孩"人口生育政策家庭占全部家庭的比例为 5.3%，其中有 50.4%—67.6% 的家庭意愿生育两孩，由此估计由于

---

① 汤兆云，郭真真. 经济水平对生育意愿的影响分析——一项基于 621 份调查问卷的数据 [J]. 人口与发展，2012 (3).

② 周福林. 生育意愿及其度量指标研究 [J]. 统计教育，2005 (5).

"单独两孩"生育政策，全国将新增出生人口 563.3 万—755.3 万人。[①] 2013 年，我国人口出生率为 12.08‰，全年新增出生人口为 1 640 万人，即因新政导致的新出生人口占全年出生人口的比例为 34.3%—45.9%；且"这一年龄段人口的突然增加，会对未来的社会经济发展和公共服务的承载力带来波动性和周期性的影响，而且影响将是长期的"。[②] 江苏省符合生育两孩政策妇女的生育意愿情况是：绝大多数（约 99.04%）妇女理想的孩子数量为"一个"或者"两个"，"想要一个孩子"的妇女比例为 53.97%，略高于"想要两个孩子"的比例（为 45.07%）。[③] 福建省 2013 年 9 月关于生育意愿的调查数据显示，单独已生育一孩夫妻中，约有 60% 符合条件的人群意愿生育两孩，并可能在"十二五"末期生育。根据 2013 年 5 月国家卫计委对泉州市关于"流动人口动态监测调查问卷"的数据显示，在泉州生活半年以上的流动人口中单独夫妇两孩生育意愿超过了 70%。

一、"单独两孩"生育政策下适龄人群的生育意愿

(一) 数据来源与变量设计

本部分使用的数据来源于 2014 年 7—8 月对福建省福州市、泉州市、龙岩市、三明市和宁德市单独夫妇两孩生育意愿的调查。调查样本按照多阶段抽样[④]的方法抽取。本次调查共发放 1 000 份问卷（其中福州、泉州、龙岩、三明和宁德 5 市各 200 份调查问卷），回收问卷 955 份，有效问卷为 935 份，所占比例分别为 95.5%、93.5%。

---

① 乔晓春. 单独夫妇政策的实施会带来什么——2013 年生育意愿调查数据中的一些发现 [J]. 人口与计划生育，2014 (3).
② 乔晓春. 单独夫妇政策的利与弊 [J]. 人口与社会，2014 (1).
③ 茅倬彦. 符合二胎政策妇女的生育意愿和生育行为差异——基于计划行为理论的实证研究 [J]. 人口研究，2013 (1).
④ 多阶段抽样是指将抽样过程分阶段进行，每个阶段使用的抽样方法往往不同，即将各种抽样方法结合使用。其实施过程为，先从总体中抽取范围较大的单元，称为一级抽样单元，再从每个抽得的一级单元中抽取范围更小的二级单元，依此类推，最后抽取其中范围更小的单元作为调查单位。

　　调查问卷的自变量包括性别、户口所在地、年龄、职业、文化程度、最大孩子的性别、人均年收入、结婚年龄、第一次生育年龄、现有小孩数量 10 个方面。因变量主要包括一般人群（包括符合"单独两孩"生育政策的人群和不符合"单独两孩"生育政策的人群）的两孩生育意愿、"单独两孩"生育政策实施后的两孩生育意愿情况等两大类 15 小项。"单独两孩"生育政策实施后的生育意愿调查情况如表 4-1 所示。

表 4-1　　"单独两孩"人口生育政策下适龄人群的生育意愿调查的基本情况

分类	子类型	百分比（%）	分类	子类型	百分比（%）
性别	男	65.56	人均年收入	10 000 元及以下	4.5
	女	34.44		10 001—20 000 元	12.38
户口所在地	城镇户口	58.31		20 001—30 000 元	30.41
	农村户口	41.69		30 001—500 000 元	34.39
年龄	20 岁及以下	10.09		500 001 元及以上	18.32
	21—25 岁	20.34	结婚年龄	20 岁以下	11.34
	26—30 岁	20.54		20—25 岁	18.24
	31—35 岁	16.21		25—30 岁	26.31
	36—40 岁	16.29		30—35 岁	30.59
	41—45 岁	9.54		35 岁以上	13.52
	46 岁及以上	6.99	第一次生育年龄	20 岁以下	10.02
职业	务农	28.63		20—25 岁	24.15
	务工	25.43		25—30 岁	29.21
	公职人员	22.48		30—35 岁	24.23
	经商	14.41		35 岁以上	12.39
	其他	9.05	现有小孩数量	1 个男孩	32.21
文化程度	小学及以下	16.34		1 个女孩	35.45
	中学	28.24		1 男 1 女	10.59
	大学	43.21		2 个男孩	2.11
	研究生及以上	12.21		2 个女孩	14.39
最大孩子性别	男	45.31		其他	5.25
	女	54.69			

(二) 符合"单独两孩"生育政策人群的基本特征

调查数据显示,符合"单独两孩"生育政策人群具有以下几个方面的基本特征。

第一,超过 3/4 的符合"单独两孩"人口生育政策人群是在城市地区。调查数据显示,符合"单独两孩"人口生育政策人群中城市家庭、农村家庭所占比例分别为 75.6%、24.4%,即有超过 3/4 的符合"单独两孩"人口生育政策人群是在城市地区;在"双独"(夫妻双方都是独生子女)家庭中,城市家庭、农村家庭所占的比重分别为 85.3%、14.7%。

第二,符合"单独两孩"人口生育政策育龄女性年龄集中在 35 岁及以下人群。调查数据显示,从符合"单独两孩"人口生育政策育龄女性的年龄分布来看,农村、城市家庭都以 28—35 岁这个年龄段为主。在农村、城市地区中,符合"单独两孩"人口生育政策育龄女性 28—35 岁所占的比例分别为 44.6%、55.2%。在农村和城市地区,符合"单独两孩"人口生育政策女方平均年龄分别为 28.5 岁、30.7 岁。

第三,符合"单独两孩"人口生育政策的育龄妇女在农村和城市地区存在着个体上的差异。调查数据显示,符合"单独两孩"人口生育政策农村、城市地区育龄妇女平均受教育年限分别为 10.02 年、11.98 年;符合"单独两孩"生育政策农村地区、城市地区育龄妇女的经济收入也存在着明显差异,农村地区、城市地区育龄妇女年平均收入分别为 3.5 万元、4.6 万元。符合"单独两孩"生育政策的农村地区、城市地区育龄妇女在职业、居住情况等方面也存在着明显的差异。

(三) 符合"单独两孩"生育政策人群的生育意愿

本次调查问卷设计了"如果您符合'两孩'政策生育条件,您是否会意愿生育'两孩'"这一问题。从总体上来说,单独夫妇意愿生育两孩的男性比例只有 32.5%(见表 4-2)。这和过去一段时期以来不同研究机构和个人对单独夫妇两孩生育意愿调查结果的 45.07%—60.0% 的比例有着一定的差别。

调查数据显示,单独夫妇意愿生育情况与其年龄、经济收入、身体健康情况等方面的情况有着较大关系。从表4-2中单独夫妇的意愿生育情况数据中可以看出，不仅单独夫妇性别与其意愿生育两孩的差别较大，其他因素（如年龄、户口性质、文化程度、职业以及家庭人均年收入、身体健康情况等）都对其意愿生育两孩有着较大的影响：不同年龄段单独夫妇两孩生育意愿相差较大，相对来说，年龄较大的生育意愿要高于年龄较小的；农村户口单独夫妇的生育意愿明显要高于城镇户口单独夫妇，两者之间相差7.8个百分点；不同文化程度单独夫妇的生育意愿也有较大差别，高中及以下群体高于研究生及以上群体；就其职业来说，经商群体的生育意愿高于国家公职人员30.8个百分点；就经济收入情况来说，经济收入较高及较低的人群，其生育意愿较高。现有孩子的不同情况也对其两孩生育意愿有一定的影响。例如，现有子女为女孩的更有意愿生育两孩，现有子女年龄越小的意愿生育两孩的比例越高。

表4-2　单独夫妇意愿两孩生育情况

		意愿两孩生育情况（%）			意愿两孩性别（%）	
		意愿两孩	意愿一孩	意愿未定	男	女
性别	男	32.5	53.8	13.7	42.8	57.2
	女	21.9	63.2	14.9	38.8	61.2
年龄	30岁及以下	18.2	73.1	8.7	55.1	44.9
	31—35岁	12.5	66.9	20.6	41.3	58.7
	36—40岁	21.3	52.1	26.6	46.6	53.4
	40岁及以上	37.2	58.3	4.5	33.1	66.9
户口性质	城镇	36.9	42.5	20.6	44.8	55.2
	农村	44.7	46.6	8.7	57.1	42.9
文化程度	高中及以下	41.2	46.3	12.5	58.3	41.7
	大学	32.3	54.5	13.2	49.5	50.5
	研究生及以上	17.2	68.9	13.9	44.2	55.8

续表

		意愿两孩生育情况（%）			意愿两孩性别（%）	
		意愿两孩	意愿一孩	意愿未定	男	女
职业	务农、务工	44.6	41.7	13.7	59.6	40.4
	国家公职人员	23.1	62.6	14.3	49.3	50.7
	经商	53.9	31.8	14.3	46.7	53.3
	其他	33.3	52.8	13.9	46.2	53.8
家庭人均年收入	3万元及以下	35.9	51.3	12.8	45.4	54.6
	3万—4万元	34.2	41.9	23.9	48.1	51.9
	4万—5万元	29.7	62.5	7.8	40.8	59.2
	5万元及以上	35.5	53.4	11.1	46.4	53.6
身体情况	健康	35.8	39.5	24.7	51.8	48.2
	良好	38.7	44.8	16.5	56.1	43.9
	一般	28.9	59.5	11.6	47.3	52.7
	较差	15.3	62.2	22.5	54.7	45.3
现有孩子情况	男孩	24.8	62.4	12.8	31.1	68.9
	女孩	44.5	43.8	11.7	72.8	27.2
	3岁及以下	39.7	41.8	18.5	65.8	34.2
	3—6岁	36.2	46.2	17.6	51.1	48.9
	6岁及以上	17.9	66.4	15.7	46.2	53.8
总体意愿情况（二分变量）		意愿生育两孩（22.6%）	意愿不生育两孩（77.4%）	意愿生男孩（46.8%）	意愿生女孩（53.2%）	

（四）符合"单独两孩"生育政策人群生育意愿的影响因素

为了进一步了解本次问卷调查单独夫妇意愿生育两孩的影响因素，这里对其两孩生育意愿与其自变量等因素进行相关分析。相关分析得到的数据显示，单独夫妇两孩生育意愿与这些因素存在着显著性差异。例如，单独夫妇两孩生育意愿与其性别、年龄之间的 Kendall's tau_ b 的相关系数分别为 0.340、-0.209（卡方检验，P<0.05 或 P<0.01），表明两者之间表现出一定的相关关系。如果以人均年收入为控制变量，单独夫妇两孩生育意愿与其性别、年龄之间的 Kendall's tau_ b 秩相关系数分别为 0.382、

-0.231（卡方检验，P<0.01 或 P<0.05）。在没有控制变量的情况下，相关关系没有发生太大的变化（见表4-3）。

表4-3　单独夫妇性别、年龄与意愿生育两孩之间的相关系数矩阵

Control Variables			意愿生育两孩	意愿子女数	意愿子女性别
-none-ᵃ	性别	Correlation	0.340	0.210	0.331
		Significance (2-tailed)	0.005	0.001	0.001
	年龄	Correlation	−0.209	0.185	0.107
		Significance (2-tailed)	0.005	0.001	0.001
人均年收入	性别	Correlation	0.382	0.258	0.387
		Significance (2-tailed)	0.005	0.001	0.001
	年龄	Correlation	−0.231	0.193	0.124
		Significance (2-tailed)	0.005	0.001	0.001
a. Cells contain zero-order (Pearson) correlations.					

　　变量的列联表和相关系数只能从数据上观察两个变量之间是否相关，而卡方检验则给出了两个变量是否相关的统计上的证据。表4-4是单独夫妇两孩生育意愿与其人均年收入（经济收入情况）的卡方检验结果。Spearman 卡方统计量和似然比（Likelihood Ratio）卡方统计量的 P 值都小于给定的 0.05 的显著性水平，因此可以认为单独夫妇两孩生育意愿与其人均年收入（经济收入情况）之间存在着显著的相关性。这和前面的 Kendall's tau_ b 的相关系数、Spearman's rho 等级相关系数所得出的结论基本一致。

表 4-4　单独夫妇两孩生育意愿与其经济收入的卡方检验情况

Chi-Square Tests			
	Value	df	Asymp. Sig.（2-sided）
Pearson Chi-Square	88.315^a	128	0.001
Likelihood Ratio	59.341	128	0.001
Linear-by-Linear Association	3.459	10	0.005
N of Valid Cases	756		

a. 32 cells（68.8%）have expected count less than 5. The minimum expected count is. 01.

　　考虑到年龄、经济收入等因素与单独夫妇两孩生育意愿之间可能存在着非线性关系，这里构造了年龄、经济收入的平方项，加上单独夫妇的性别、户口性质、文化程度、职业、身体健康情况 5 个层面共 15 个变量作为控制变量，分析这些因素对单独夫妇两孩生育意愿的影响程度。由于单独夫妇两孩总体生育意愿是二分变量，采用 Logistic 回归进行分析。表 4-5 中，模型 1 反映了控制变量对单独夫妇两孩生育意愿的影响程度；模型 2 与单独夫妇不生育两孩意愿进行比较；模型 3 在模型 2 的基础上加入了期望值因子。从表中数据可以发现，实证结果证实了年龄、经济收入等因素对于单独夫妇两孩生育意愿具有一定的正效应。模型 1 反映了控制变量对单独夫妇两孩生育意愿的影响程度。模型 2 引入单独夫妇不生育两孩意愿变量后，从卡方值、虚拟确定系数值来看，模型的模拟效果有了相当程度的提高。模型 2 中，在控制其他变量的情况下，单独夫妇两孩生育意愿对于这些变量来说具有一定的正效应，且显著度均达到了 0.01 以上水平。

表 4-5　单独夫妇两孩生育意愿与年龄、经济收入的 Logistic 回归

	模型 1		模型 2		模型 3	
	B	Exp（B）	B	Exp（B）	B	Exp（B）
生育意愿						
意愿生育			0.134	0.152	0.275	0.332
意愿不生育			0.267 * * *	0.394	0.265 * * *	0.341

续表

	模型 1		模型 2		模型 3	
	B	Exp（B）	B	Exp（B）	B	Exp（B）
期望值因子					0.279*	0.318
控制变量						
年龄平方	0.201	0.145**	0.235	0.208**	0.204	0.234**
经济收入平方	0.258	0.253	0.294	0.331	0.345*	0.367
性别	0.321***	0.331	0.387***	0.389	0.321***	0.398
户口	−0.345*	−0.38	−0.302*	−0.318	−0.465*	−0.375
文化程度	.429	.451***	0.498	0.451***	0.549	0.597***
职业	0.349	0.372	0.367	0.345	.498	0.346
身体情况	−0.287**	−0.251	−0.402**	−0.320	−0.343**	−0.302
常量	6.459	7.003	7.882	6.763	6.893	7.35
卡方值	28.421	25.549	88.801	93.451	105.321	110.541
似然值	128.439	129.438	130.549	138.549	145.345	147.439
虚拟确定系数	0.054	0.035	0.103	0.103	0.106	0.106
样本数	756	756	756	756	756	756

注：*P≤0.1，**P≤0.05，***P≤0.01。

通过对福建省 5 市单独夫妇两孩生育意愿的调查数据的分析发现，福建省单独夫妇意愿生育两孩的比例只有 24.8%。虽然这一数据远远低于相关研究机构和个人单独夫妇生育两孩的意愿调查结果，但是，这次问卷调查得出来的数据和福建省卫计部门对全省城镇"单独两孩"夫妇进行的调查数据较为吻合。全省城镇"单独两孩"夫妇约 12.0 万对，已生育一孩的约有 9.0 万对，其中 34.4% 的夫妻选择马上生育第二胎，39.3% 的夫妻选择再过两三年生育第二胎，26.3% 的夫妻表示要考虑成熟后再做决定。同时，这一调查数据和福建省单独夫妇两孩生育政策实施以来的领证以及生育行为的现实情况相近。

本次调查数据也说明了这一现象。虽然经济收入因素与单独夫妇两孩生育意愿有一定的关系，但定量分析表明，经济收入因素对生育意愿变化的影响有限。单独夫妇两孩生育意愿与其经济收入情况之间的卡方检验的

Pearson 卡方统计量和似然比（Likelihood Ratio）数值都较小。一方面，随着我国社会保障水平的提高以及保障面的扩大，人们"养儿（女）防老"的传统观念有了很大改变；另一方面，由于抚养子女的经济和社会成本的提高，特别是随着单独夫妇更注重自身价值的创造，在一定程度上降低了他们的生育意愿。

关于生育意愿与生育行为的关系，学术界有不同的看法。有学者认为：生育意愿与生育行为可能存在着相背离的关系。例如，在日本、韩国等发达国家中，人们的生育意愿非常稳定地保持在两个孩子左右的水平，但实际生育行为却在 1.0 左右的水平；[1] 处于人口转变后期的许多国家出现了"生育水平低于生育意愿"这一状况。[2] 但是，一般认为，如果排除生育行为过程中诸如经济条件、身体情况以及生育政策的外在因素的作用，人们的生育意愿与其生育行为基本上是一致的，即生育意愿在一定程度上会导致生育行为的发生。[3] 根据相关机构和学者关于单独夫妇较高两孩生育意愿数据的判断，人们由此担心：单独夫妇两孩生育政策启动后，会出现一定程度的出生人口堆积现象，并由此会给未来的经济社会发展和公共服务带来周期性和波动性的影响。从以上分析中可以发现，随着我国社会保障水平的提高和保障面的扩大、抚养子女的经济和社会成本的提高以及单独夫妇更注重自身价值的创造，导致了单独夫妇两孩生育意愿的降低。

二、"单独两孩"人群生育意愿、生育行为的主要特征

（一）符合"单独两孩"生育政策的家庭，生育意愿明显低于预期

统计数据显示，至 2014 年，福建省累计接收"单独两孩"夫妇生育

---

① 顾宝昌，等. 人口转变的社会经济后果 [M]. 北京：社会科学文献出版社，2006：180.

② John Bongaarts. Fertility and reproductive preferences in post-transitional societies [J]. Population and Development Review, Vol. 27, Supplement：Global Fertility Transition. (2001)

③ 茅倬彦. 生育意愿与生育行为差异的实证分析 [J]. 人口与经济，2009 (2).

申请14 128份,已审批发证13 445本,领证人数只占符合政策条件人数的15%左右;泉州市符合生育两孩条件的1万对单独夫妇中,目前只有700对左右申请领取两孩生育证,领证人数只占符合政策条件人数的7%。① 福建省其他地市符合生育两孩条件单独夫妇中的领证人数比例基本上和全省水平持平。

(二) 农村地区单独家庭生育两孩意愿高于城市单独家庭

统计数据显示,在不同生育率地区,农村地区单独家庭两孩生育意愿比城市家庭多出了11.5个百分点,但不愿意生育两孩的单独家庭所占的比例比城市低8.8个百分点。调查数据同时显示,农村地区单独家庭计划生两孩的时间分别为:计划近两年、3年生两孩的比例分别比城市单独家庭低4.8个百分点、7.5个百分点。

(三) 不同代际符合政策的育龄妇女的两孩生育意愿差异比较明显

调查数据显示,从两孩生育意愿来看,其意愿生育两孩的比重越来越小;已进入高龄产妇阶段的"70后"想要生两孩的比例不高,城、乡地区分别为10.1%、11.5%。但在不愿意生育两孩的家庭中,不同代际育龄妇女的原因没有显著性差异。从两孩性别选择上来看,不同代际的城市育龄妇女对两孩女性的偏好均强于男性偏好。农村符合"单独两孩"生育政策的单独家庭一孩均为男性,两孩的女性偏好相对更强。年龄越大的农村育龄妇女男孩倾向相对越强。

(四) 一孩性别显著影响"单独两孩"人口生育政策家庭的两孩再生育意愿

从两孩再生育意愿来看,不论城镇还是农村地区,一孩为女孩的家庭想要两孩的比例均高于一孩为男孩的家庭,这在农村表现得尤为突出。从两孩生育时间来看,不论城乡,一孩为女孩的家庭两孩生育时间更为迫切。城市中,一孩为女孩的家庭在2015年计划生的比重达到33.4%,一孩为男孩的家庭比重为23.8%。从两孩性别偏好来看,不论城乡,一孩为

---

① 福建省计生委基层指导处. 福建"单独两孩"审批发证1.3万本 [J]. 人口之声,2014 (8).

男孩的家庭更愿意第二个孩子是女孩。一孩为女孩的城市家庭在第二个孩子性别偏好上不明显；一孩为女孩的农村家庭在第二个孩子性别偏好上存在明显的男性偏好特征。

(五) 经济状况对两孩再生育意愿具有重要影响

调查数据显示，经济状况对符合"单独两孩"生育政策人群生育意愿影响明显。明确表示不会生育两孩的调查对象中，因为"经济压力"的比例为39.4%，其中，农村地区、城市地区的比例分别为34.5%、43.8%。

第三节 "单独两孩"生育政策的政策效应

"单独两孩"人口生育政策的实施，意味着生育政策的调整已经开始，它所带来的后果绝不只是人口数量的增加或减少，而是与人口、经济和社会发展紧密相连。福建省"单独两孩"生育政策的实施，不仅会对福建省的人口结构、经济发展、劳动力供给等带来改变，也会给福建省人口、经济和社会发展带来一些新的社会问题、形成一些新的考验和挑战。

一、"单独两孩"生育政策的积极影响

"单独两孩"生育政策实施后对福建省人口、经济和社会的积极影响，主要表现在以下几个方面。

(一) 有利于稳定适度低生育水平，促进人口长期均衡发展

中华人民共和国成立以来，特别是改革开放以来，福建省人口再生产类型实现了"高出生、低死亡、高增长"（高人口出生率、低人口死亡率、高人口自然增长率）到"低出生、低死亡、低增长"（低人口出生率、低人口死亡率、低人口自然增长率）的转变；人口过快增长势头得到有效控制；包括人口受教育程度、人均预期寿命等在内的人口素质提高明显；人口自然、社会结构以及人口地理、地域分布发生了较大变化。目前，福建省人口结构具有以下几个方面的特征：第一，福建省人口总性别结构比例

基本正常，但出生人口性别比①失衡较为严重。第六次人口普查数据显示，福建省常住人口中，男性、女性人口比例分别为51.45%、48.55%；常住人口性别比（以女性为100.00，男性对女性的比例）由2000年第五次人口普查的106.36降至2010年第六次人口普查的105.96。第二，福建省0—14岁少儿年龄人口所占的比重呈现出下降的态势，而15—59岁劳动年龄人口、60岁及以上老年人口所占的比重呈现出上升的态势。2010年第六次人口普查数据显示，福建省常住人口中，0—14岁、15—59岁和60岁及以上人口比例分别为15.46%、73.12%、11.42%，其中65岁及以上人口比例为7.89%。同2000年的第五次人口普查数据相比，0—14岁少儿年龄人口所占的比重下降了7.55个百分点，而15—59岁劳动年龄人口所占的比重却上升了5.68个百分点，60岁及以上老年人口所占的比重上升了1.87个百分点，65岁及以上人口所占的比重上升了1.35个百分点。

进入21世纪以来，福建省妇女总和生育率②长期维持在1.5左右（根据福建省统计局公布的数据显示，福建省城镇、乡村地区的总和生育率分别为1.2、1.5）。随着社会经济的高速发展、国民收入的增长、医疗卫生保健以及社会保障制度的不断完善，妇女总和生育率还有可能长期维持在一个较低的水平。2015年，福建省人口出生率为13.7‰、死亡率为6.2‰、自然增长率③为7.5‰。这样低的生育水平和自然增长率不利于人口长期均衡发展。福建省启动"单独两孩"生育政策之时，相关部门对因新政产生的新增人口做了测算。其结果是：2013年福建省城镇单独夫妻有10.62万对，其中约有60.0%符合条件的人群意愿生育第二胎，由此可能增加5.6万新出生人口，因新政导致的新出生人口占全年出生人口（2013

① 出生人口性别比是指某一时期内出生男婴与女婴的数量之比的反映。其数值为每100名女婴对应的男婴数，即出生性别比=男婴出生数/同期女婴出生数×100。

② 人口总和生育率是指在一定时期内（通常为一年）年龄别生育率之和，是指一名妇女如果像统计年那样度过她的生育期，其整个育龄期可能生育的子女数，它可反映妇女生育率变化的趋势。

③ 人口自然增长率是指在一定时期内（通常为一年）人口自然增加数（出生人数减死亡人数）与该时期内平均人数（或期中人数）之比，一般用千分率表示。

年福建总人口为3 748万人，人口出生率为12.74‰，全年增加人口47.89万人）的比例为11.6%。[①] 因此，"单独两孩"人口生育政策实施后既有利于稳定适度的人口低生育水平，也有利于人口长期均衡稳定发展。

（二）有利于促进全省向人力资本强区转变，促进经济持续健康发展

预测数据显示，未来一段时期内，福建省15—64岁的劳动年龄人口呈快速下降趋势。2015年后，劳动年龄人口直线下降，所占比重越来越小。2030年以前维持在70%以上，2040年开始下降到62.9%，2050年将下降到60.8%。[②] 因此，福建省"单独两孩"人口生育政策实施后，新增加人口可以有效应对和缓解人口结构性矛盾的长期影响，保持合理的劳动力数量和结构，为转变经济发展方式，创造更为有利的人口环境。

（三）有利于保持适当劳动力规模，延缓人口老龄化

今后一段时期内，福建省人口发展面临着人口总量惯性增长、老龄化进一步加剧等问题。预测数据同时显示，2020—2050年，福建省65岁及以上老年人口所占比重将从11.0%增长到21.4%。[③] 福建省"单独两孩"生育政策实施后新增加人口，从短期来看，有助于改善全省人口年龄结构、减缓人口总量达到峰值后过快下降的势头。特别是"单独两孩"生育政策的实施，可以在一定程度上减缓劳动年龄人口下降和人口年龄结构压力，减缓人口老龄化进程。

二、"单独两孩"生育政策的消极影响

福建省启动"单独两孩"人口生育政策之后，按新政导致的新出生人口占全年出生人口的比例为11.6%的发展态势，福建省每年将增加3万人左右的新出生人口。人口是社会的基本构成因素之一。新增加的人口虽然在改善人口结构、增加劳动力以及缓解人口老龄化等方面发挥作用，但是

---

① 郑昭. 福建省启动"单独两孩"新政 ［J］. 人口之声，2014（4）.

② 福建省人口计生委. 福建省人口发展战略研究 ［M］. 福州：海风出版社，2009：259.

③ 福建省人口计生委. 福建省人口发展战略研究 ［M］. 福州：海风出版社，2009：285.

随着人口数量的进一步扩大，也会对经济和社会发展产生一定的负面影响。主要表现在以下几个方面。

（一）对资源环境的进一步改善产生不利影响

预测数据显示，2020 年前，福建省人口增长速度较快，年平均增长8.32‰；2020—2039 年，人口进入缓慢增长的阶段；2040—2050 年，总人口规模转而下降。福建省总人口在 2039 年达到增长峰值。① 实施"单独两孩"人口生育政策后，福建省总人口达到峰值时间较政策调整前将提前到来。另外，福建省资源环境情况并不乐观。福建省素有"八山一水一分田"之称。耕地、旱地分别占 80.8％、19.2％，而山地、丘陵占 80％以上，且主要是种植粮食作物和大田经济作物；福建耕地面积逐年减少，并有继续减少的趋势。因此，全省总人口数量的增加无疑加剧了经济社会发展成果和资源环境分配的竞争性。

（二）给基层工作、公共服务以及公共资源配置带来影响

一方面，实施"单独两孩"人口生育政策后，福建省每年新增出生人口约3 万人，这使基层计生服务管理能力面临着一定的考验。另一方面，新政实施后，出生人口增长将给医院、幼儿园、学校等公共资源造成一定压力。

（三）未来一段时期内人口就业压力将会进一步增大

人口是经济和社会发展的首要决定因素。人口增长与经济增长是否协调发展，通常用人口增长与经济增长的弹性系数 K（人口增长率与经济增长率之比）来描述两者的协调程度。② 从短期来说，实施"单独两孩"生

① 福建省人口计生委. 福建省人口发展战略研究 [M]. 福州：海风出版社，2009:287.
② 人口增长与经济增长的弹性系数 K（人口增长率与经济增长率之比）计算公式为：K（人口增长弹性系数）＝人口增长率/经济增长率。一般认为，人口增长弹性系数越低，表明人口发展与经济发展趋向协调；反之，则两者之间趋向不协调。研究表明：K≥1.0，为"社会停滞级"；0.21≤K≤0.99，为"社会渐进级"；K≤0.2，为"社会协调发展级"。从人口增长与经济发展的协调度来看，1982—1990年，福建省人口增长弹性系数 K 为 0.17，略高于同期 0.15 的全国平均水平；1990—2000 年，福建省人口增长弹性系数 K 为 0.09，低于同期 0.11 的全国平均水平；2001—2007 年，福建省人口增长弹性系数 K 为 0.05，高于同期 0.04 的全国平均水平。这表明福建人口增长与经济增长趋向协调，人口增长与经济发展的协调度和全国平均水平基本一致。

育政策后，将提高人口抚养比重，增加就业劳动者的负担。从长期来看，当"单独两孩"生育政策人群进入劳动力市场时，就业岗位的低增长将不能满足劳动年龄人口的阶段性增长，会给未来就业带来不小的压力。

第五章　全面两孩生育政策的
实施及其效果

对人口数量的调控，是我国计划生育人口政策的重要组成部分。中华人民共和国成立后至20世纪相当长的一段时期内，我国实行较为宽松的人口数量调控政策，基本上对育龄夫妇生育子女数量没有限制。20世纪70年代后实行的"晚、稀、少"人口政策，强调一对夫妇生育子女数"最好一个、最多两个"。以1980年9月《关于控制我国人口增长问题致全体共产党员、共青团员的公开信》为起始，我国实行了几十年的计划生育人口政策"提倡一对夫妻只生育一个孩子"。2011年、2013年允许夫妇双方都是独生子女和夫妇一方是独生子女的家庭生育两个孩子（"双独两孩"政策和"单独两孩"生育政策），但其对人口数量调控发挥的作用并不明显。截止到2015年12月末，全国实际再生育的单独夫妇占符合政策条件人数的比例低于20%。面对我国人口发展的新态势和新情况，党的十八届五中全会决定实施全面两孩政策。全面两孩政策是对我国计划生育人口政策措施的重大调整，这在对我国人口数量的调控基础上，必将对人口结构产生重大影响。[①] 这里以福建省为例做说明。和全国一样，福建省有计划的人口控制政策始于20世纪70年代的"晚、稀、少"人口政策，并在短期内在人口数量、人口结构的调控上取得了明显成绩。和1970年相比较，1978年福建省人口出生率、人口自然增长率分别从33.55‰、27.51‰下降到25.4‰、19.0‰。20世纪80年代初期开始实行的强有力的计划生育人口

---

① 王培安. 论全面两孩政策［J］. 人口研究，2016（1）.

政策对人口数量的控制成效更为明显。2000 年，福建省人口出生率、自然增长率分别下降到 11.60‰、5.75‰，妇女总和生育率降至更替水平以下。2000 年后，福建省人口低速增长的格局得到持续巩固与保持，年平均增长速度低于 1.0%；2000—2010 年、2010—2015 年，福建省人口年平均增长率分别为 0.61%、0.77%。为了应对人口控制过程中出现的诸如劳动力红利快速消退、人口老龄化加剧以及出生性别比多年高位运行等问题，按照国家关于人口政策调整的工作安排，福建省适时对《人口与计划生育条例》中关于生育数量部分的规定进行修改完善。2012 年修订版增加"夫妻双方均为独生子女"经批准可以再生育一个子女的规定（"双独两孩"政策）；2014 年修订版增加"夫妻一方为独生子女"经批准可以再生育一个子女的规定（"单独两孩"生育政策）；2016 年修订版增加"提倡一对夫妻生育两个子女"和符合特定情况的"已有两个子女的夫妻，经批准后还可以再生育一个子女"的规定（全面两孩政策）。从理论上来说，虽然"单独两孩"生育政策实施后已使符合条件的育龄妇女提前释放了一部分生育势能，但是基于"单独两孩"生育政策实施后不高的生育率（截至2015 年底，福建省累计接收"单独两孩"夫妇生育申请14 128份，审批发证13 445本，领证人数只占符合政策条件人数的15%左右）以及全面两孩政策实施后数目不小的潜在目标人群及实际目标人群，预计出生堆积仍会使生育水平保持在一个较高的水平。全面两孩生育政策对育龄妇女生育水平以及两孩生育数量都会产生影响。特别是由于福建省人口基数庞大（2015 年末，福建省常住人口为3 839万人，全年出生人口 53.13 万人，人口出生率、自然增长率分别为 13.9‰、7.8‰），全面两孩生育政策在对人口结构、人口发展产生影响的基础上，势必会对经济运行和社会发展产生影响。

本书分别以 2015 年福建省 1%人口抽样调查基础数据[①]、2015 年福建

---

① 福建省 2015 年 1%人口抽样的标准时点为该年 11 月 1 日零时，本次抽样调查以全省为总体，以设区市为子总体，采取分层、二阶段、概率比例、整群抽样方法，最终样本量为 52 万人，占全省总人口的 1.37%。

省全员人口信息库基础数据和 2010 年第六次人口普查福建省基础数据,[①]
对未来一段时期内福建省全面两孩政策实施后因人口数量变化对人口结构
可能产生的影响进行分析。

第一节　全面两孩政策的潜在目标
人群及实际目标人群

我国计划生育人口政策对人口数量的控制主要体现为一对育龄夫妇只
能生育一个孩子。全面两孩政策实施时存活一孩的育龄妇女（15—49 岁）
的数量基本上等于政策调整的全部目标人群。[②] 但是随着年龄的增大，育
龄妇女生育能力随之减弱。因此，实施全面两孩政策的实际目标人群主要
是该政策实施时存活一孩的 20—40 岁育龄妇女。[③] 由于基础数据以及测算
方法的不同，目前关于全国全面两孩政策实施后潜在目标人群及实际目标
人群的数据相差较大。国家卫计委负责人在实施全面两孩政策的记者会上
说，全国符合全面两孩政策的夫妇大体有 9 000 多万对。翟振武等的测算
结果显示，全面两孩政策实施后符合政策的目标人群为 1. 52 亿人，有生育
意愿的潜在生育人群为 0. 97 亿人；[④] 而乔晓春的测算结果显示，符合政策
的目标人群为 0. 96 亿人，潜在生育人群为 0. 46 亿—0. 59 亿人；[⑤] 黄匡时
等测算表明，潜在目标人群为 0. 91 亿人，实际目标人群约 0. 56 亿人。[⑥]
研究还显示，全面两孩政策实施后潜在目标人群及实际目标人群的年龄分
布具有明显的特征，表现为：以年龄 40 岁为分界线，40 岁以下目标人群

---

① （本次人口普查标准时点为同年 11 月 1 日零时）存活 1 个孩子的已婚妇女（15—
  49 岁）。
② 翟振武，等. 立即全面放开二胎政策的人口学后果分析 [J]. 人口研究，2014 (2).
③ 郭志刚. 关于生育政策调整的人口模拟方法探讨 [J]. 中国人口科学，2004 (2).
④ 翟振武，等. 立即全面放开二胎政策的人口学后果分析 [J]. 人口研究，2014 (2).
⑤ 乔晓春. 实施"普遍两孩"政策后生育水平会达到多高？ [J]. 人口与发展，
  2014 (6).
⑥ 黄匡时，等. "全面两孩"政策目标人群及其出生人口测算研究 [J]. 福建行政学
  院学报，2016 (4).

随年龄增加呈现上升的趋势，而 40 岁以上目标人群存在较大的波动，呈现随年龄增加而下降的趋势。这一特征与我国育龄妇女的年龄结构以及生育年龄模式存在着明显关联。[①]

全面两孩政策实施后妇女生育水平和出生人口规模的大小，取决于现有独生子女数量、年龄结构及其生育模式。全面两孩政策实施时存活一孩的育龄妇女（15—49 岁）数量可以通过人口普查、人口抽样以及全员人口信息库基础数据整理获得；根据这部分妇女的二胎生育意愿、生育模式，即可测算出全面两孩政策实施后存活一孩的 20—40 岁育龄妇女新增两孩的数量，也就是年度出生人口规模的变化。

（一）根据 2010 年"六普"福建省基础数据推算出的潜在目标人群及实际目标人群

2010 年"六普"福建省调查数据显示，调查时点福建省存活一孩育龄妇女（15—49 岁）人数为 358.30 万人，其中城镇地区、农村地区分别为112.45 万人和 245.85 万人；从年龄段来看，15—19 岁、20—40 岁和 41—49 岁的存活 1 个孩子的妇女人数分别为 1.0 万人、283.13 万人和 74.17 万人。也就是说，福建省全面两孩政策的潜在目标人群及实际目标人群分别为 358.30 万人（育龄妇女年龄 15—49 岁）和 283.13 万人（育龄妇女年龄 20—40 岁）。

（二）根据 2015 年末福建省全员人口信息库基础数据推算出的潜在目标人群及实际目标人群

福建省全员人口信息库基础统计数据显示，2015 年末，福建省存活一孩育龄妇女（15—49 岁）人数为 362 万人，其中城镇地区、农村地区分别为 112 万人和 250 万人；从年龄段来看，15—19 岁、20—40 岁和 41—49 岁的存活 1 个孩子的妇女人数分别为 1.30 万人、271.70 万人和 89 万人。也就是说，福建省全面两孩政策的潜在目标人群及实际目标人群分别为362 万人和 271.70 万人。这和 2015 年福建省 1% 人口抽样调查基础数据的推算结果基本上在允许的误差范围之内。

[①] 翟振武，等. 立即全面放开二胎政策的人口学后果分析 [J]. 人口研究，2014 (2).

（三）根据 2015 年福建省 1%人口抽样调查基础数据推算出的潜在目标人群及实际目标人群

2015 年，福建省 1%人口抽样调查基础数据、2015 年福建省全员人口信息库基础数据和 2010 年"六普"福建省人口调查基础数据显示，福建省全面两孩政策实施后的潜在目标人群、实际目标人群相差不是很大，在允许的误差范围之内。为了便于对全面两孩政策实施后的新增人口进行计算，这里分别取其中位值，即福建省全面两孩政策实施后的潜在目标人群、实际目标人群分别为 362.77 万人、277.61 万人。

福建省实行全面两孩政策时育龄妇女潜在目标人群及实际目标人群如表 5-1 所示。

表 5-1　福建省实行全面两孩政策时育龄妇女潜在目标人群及实际目标人群

基础数据来源	15—19岁存活一孩育龄妇女人口数（万人）	20—40岁存活一孩育龄妇女人口数（万人）	41—49岁存活一孩育龄妇女人口数（万人）	城镇地区存活一孩育龄妇女人口数（万人）	农村地区存活一孩育龄妇女人口数（万人）	潜在目标人群（万人）	实际目标人群（万人）
2015 年福建省全员人口信息库	1.30	271.70	89.00	112.00	250.00	362.00	271.70
2015 年福建省 1%人口抽样调查	1.10	278.00	88.90	108.00	260.00	368.00	278.00
2010 年"六普"福建省调查数据	1.00	283.13	74.17	112.45	245.85	358.30	283.13

第二节　全面两孩政策对人口结构的影响

全面两孩政策实施后在对新增出生人口影响的基础上，进而对未来一定时期内总人口规模，少儿年龄人口（0—14 岁）、劳动年龄人口（15—64 岁）以及老年人口（65 岁及以上）的规模和比例都会产生不同程度的影响。

一、新增人口服从不均匀分布，总人口峰值年份推迟

全面两孩生育政策实施以后，影响新增两孩人口规模的因素主要包括：现有存活一孩育龄妇女人数（潜在目标人群）及其年龄结构、现有存活一孩育龄妇女的两孩生育意愿及其两孩生育计划。[①] 将全面两孩政策实施后潜在目标人群、实际目标人群的规模，按其年龄综合成新增两孩人口堆积规模，并结合目标人群两孩生育意愿及其两孩生育分布计算出年度堆积规模，由此可以估计全面两孩生育政策实施以后的新增两孩人口的堆积。[②] 由于基础数据以及测算方法的不同，目前关于全国全面两孩政策实施后新增人口的数据相差较大。王广州的测算结果显示，全国全面两孩政策实施后新出生人口将达到 0.28 亿人；[③] 翟振武的测算结果显示，年度出生人口峰值将达到 0.49 亿人；[④] 乔晓春的测算结果显示，年度出生人口峰值将在 0.32 亿人到 0.37 亿人之间；[⑤] 黄匡时等测算表明，全国新增两孩出生总量预计为 0.17 亿人。[⑥]

本书根据 2014 年国家统计局人口变动抽样调查关于全面两孩生育政策实施后现有存活一孩育龄妇女第 1—5 年生育两孩的调查情况（其比例分别为 20.3%、25.1%、22.4%、19.9% 和 12.3%），并假定目标人群的新增两孩生育服从 5 年均匀分布；在此基础上，综合考虑现有存活一孩育龄妇女人数及其两孩生育意愿、两孩生育计划等因素。其测算结果显示，福建省全面两孩生育政策实施后新增人口总量为 25 万人左右，第 1—5 年（2016—2020 年）新增两孩人口规模分别为 5.08 万人、6.28 万人、5.60 万人、4.98 万人、3.08 万人。测算结果同时显示（见图 5-1），2016—2020 年，

① 王广州. 影响全面二孩政策新增出生人口规模的几个关键因素分析 [J]. 学海，2016 (1).
② 翟振武，等. 全面两孩政策对未来中国人口的影响 [J]. 东岳论丛，2016 (2).
③ 王广州. 全面放开二胎，出生堆积最多 2800 万 [N]. 东方早报，2013-12-17.
④ 翟振武，等. 立即全面放开二胎政策的人口学后果分析 [J]. 人口研究，2014 (2).
⑤ 乔晓春. 实施"普遍两孩"政策后生育水平会达到多高？[J]. 人口与发展，2014 (6).
⑥ 黄匡时，等."全面两孩"政策目标人群及其出生人口测算研究 [J]. 福建行政学院学报，2016 (4).

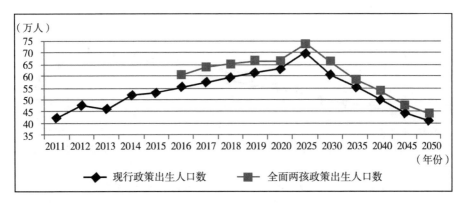

图5-1 现行政策和全面两孩政策下福建省出生人口数

35 岁以上现有存活一孩育龄妇女新增两孩人口分别为 2 万人、2.6 万人、2.3 万人、2.1 万人和 1.8 万人。由于全面两孩生育政策实施后福建省新增两孩人口数量增多，其总出生人口数量也会同时增加。2016—2020 年，现行人口政策下福建省总出生人口数分别为 55.29 万人、57.45 万人、59.46 万人、61.44 万人和 63.33 万人，其峰值年份出现在 2021 年，峰值人口数为 69.89 万人；至 2050 年，总出生人口数下降到 40.85 万人，比 2016 年总出生人口数低 26.11 个百分点。全面两孩生育政策实施后，福建省同期出生总人口分别为 60.37 万人、63.73 万人、65.06 万人、66.42 万人和 66.44 万人，其峰值年份出现在 2023 年，峰值人口数为 73.85 万人，比现行人口政策下峰值人口年份推迟了两年，人口总数增加了 3.86 万人；至 2050 年，总出生人口数下降到 44.05 万人，比 2016 年总出生人口数低 27.03 个百分点。

从总人口数量来看（见图 5-2），2016—2050 年，福建省现行政策和全面两孩政策下，总人口数量的发展曲线基本上一致。现行人口政策下，福建省总人口数量约在 2025 年达到峰值，为 4 089 万人；而全面两孩政策下总人口峰值推迟了两年，达到 4 162.85 万人，增幅为 1.80%。2025 年后，现行人口政策和全面两孩政策下福建省总人口数呈现出快速下降的态势；至 2050 年，总人口数分别为 3 898 万人和 3 942.05 万人，增幅为 1.13%。

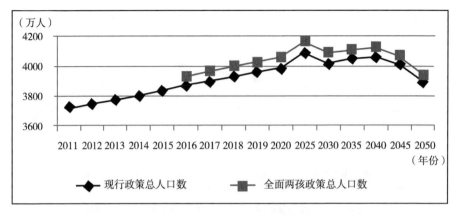

图 5-2　现行政策和全面两孩政策下福建省总人口数

二、少儿年龄人口增量明显，但占总人口比例的变化不大

　　全面两孩政策实施后最直接的人口学后果，就是政策实施时及以后存活一孩育龄妇女的新增出生人口，并由此形成不同年龄段的少儿人口（0—14 岁）。少儿年龄人口是受全面两孩政策实施影响最为直接也最为明显的人群，其规模和比例都会随着全面两孩政策的实施发生显著的变化。现行人口控制政策下，福建省少儿年龄人口占总人口的比重表现为先上升后下降，峰值年 2017 年为 21.4%，2025 年始降到 17.3% 以下，2050 年少年人口比重为 16.2%。[①] 全面两孩政策实施后的一段时期内，福建省少儿年龄人口的规模和比例大体上分为 4 个阶段，呈现出先上升后下降，再小幅抬升再下降的变化态势。这一变化态势和现行人口政策下的少儿年龄人口规模和比例的变化态势基本一致，只是全面两孩政策实施后福建省少儿年龄人口的规模和比例要稍高一些，各个阶段峰值年份推后 2—3 年，现行人口政策下，少儿年龄人口规模和比例的变化态势的 4 个阶段分别为：先上升（2016—2021 年）后下降（2021—2033 年），再小幅抬升（2033—

---

　　① 福建省人口计划生育委员会. 福建省人口发展战略研究 [M]. 福州：海风出版社，
2007：473.

2042 年）再下降（2042 年以后）。全面两孩政策实施后的一段时期内，福建省少儿年龄人口的规模和比例的 4 个阶段明显不同于全国"先上升后下降再小幅抬升"的 3 个阶段。[①]由此可见，全面两孩政策实施后的一段时期内，福建省将拥有较大数量和更高比例的少儿年龄人口，相对于现行人口政策下福建省少儿年龄人口在总人口的年龄结构中所占的比例将高出 2.0—4.0 个百分点（见图 5-3）。

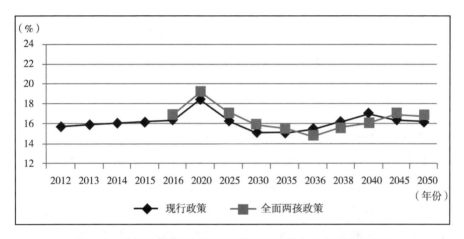

图 5-3　现行政策和全面两孩政策下福建省少儿人口变化态势

三、劳动年龄人口下降趋势放缓，但没能创造新的人口红利

在现行人口政策作用下，福建省劳动年龄人口（15—64 岁）自 2010 年以来就呈现出下降的态势。2012 年至 2015 年，劳动年龄人口占总人口的比例从 76.02% 下降到 75.33%，下降幅度为 0.69 个百分点；2015 年后，劳动年龄人口比例下降趋势更为明显，占总人口的比例越来越小，2030 年以前维持在 70% 以上，2040 年下降到 62.9%，2050 年将下降到 60.8%（见图 5-4）。[②] 由于少儿年龄人口成长为劳动年龄人口需要一段时间，全

① 翟振武，等. 立即全面放开二胎政策的人口学后果分析 [J]. 人口研究，2014 (2).
② 福建省人口计划生育委员会. 福建省人口发展战略研究 [M]. 福州：海风出版社，2007：474.

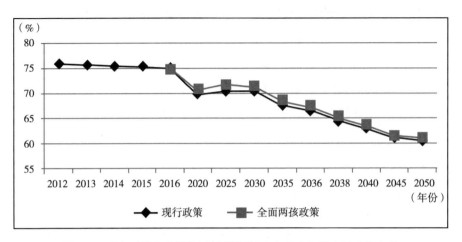

图 5-4　现行政策和全面两孩政策下福建省劳动年龄人口变化态势

面两孩政策实施后的最初一段时期内（大约 15 年内，至 21 世纪 30 年代初期以后）对劳动年龄人口的影响不大。这一时期福建省劳动年龄人口的比例和规模都呈现持续下降的态势。也就是说，全面两孩政策实施后对劳动年龄人口规模所产生的影响是长期性的，而非短期性的。全面两孩政策实施至 21 世纪 30 年代初期以前，全面两孩政策实施后对福建省劳动年龄人口的影响主要表现为劳动年龄人口占总人口比例的增加（相对劳动年龄人口比例的增加）；而在 21 世纪 30 年代初期以后主要表现为劳动年龄人口规模上的增加（绝对劳动年龄人口比例的增加），从而使劳动年龄人口规模减小的态势得到遏制。特别是在 2031—2035 年这一时期内，由于全面两孩政策启动实施后 2016—2021 年少儿年龄人口堆积相继进入劳动年龄人口阶段，从而使劳动年龄人口在规模上迅速增长，占总人口的比例也同时出现增长的态势。但 2035 年以后，由于全面两孩政策实施后新增人口数量相对减小，不足以在总人口比例中产生影响，劳动年龄人口比例呈现快速下降的态势。2020 年劳动年龄人口占总人口的比例为 70.7%，至 2050 年将下降到 60.4%，下降幅度高达 10.3 个百分点。也就是说，21 世纪 30 年代初期以后，全面两孩政策背景下福建省劳动年龄人口的下降态势没有发生根本改变，这意味着全面两孩政策的实施对福建省劳动年龄人口比例及规模的提升所产生的影响是非常有限的。虽然全面两孩政策的实施没有彻底改变福建省劳动年龄人口比例和规模下降的态势，但政策调整仍然在一定程度上对未来中长期的劳动年龄人口比例和规模产生了政策上的效应。2050 年，福建省全面两孩政策劳动年龄人口比重比现行人口政策高出 0.5 个百分点。

四、老年年龄人口规模没有发生变化，老龄化程度有所缓解

人口老龄化是伴随社会经济迅速发展和人们生活水平逐步提高过程中必然出现的一种人口年龄结构老化现象，它是指某一年龄段人口（60 岁及以上或者 65 岁及以上人口，本书老年年龄人口是指 65 岁及以上人口）占总人口的比重逐渐增加的过程，特别是指在年龄结构类型已属于年老型的人口中，老年人口比重继续上升的过程。30 多年的人口控制政策对福建省人口老龄化的影响是非常明显的。65 岁及以上老年人口比重从 2005 年的 8.5% 上升到 2020 年的 11.0%、2050 年的 21.4%，[①] 增长幅度比较明显。人口老龄化是人口转变的必然。全面两孩政策的实施不能改变人口老龄化程度不断加深的趋势，但随着一定数量新增人口的出现，能够在一定程度上缓解人口老龄化速度，延缓整个老龄化趋势。

由于全面两孩政策实施新增人口要在 65 年以后才能进入老年阶段，进而对老年人口规模产生影响，所以全面两孩政策实施不会改变 65 年以内的老年人口规模。也就是说，在现行人口政策和全面两孩政策背景下，福建省老年年龄人口规模没有发生变化。但这一时期内，由于全面两孩政策实施后新增人口对少儿年龄人口占总人口比例的改变，以及少儿年龄人口堆积相继进入劳动年龄阶段对其占总人口的比例的改变，全面两孩政策实施后老年年龄人口占总人口的比例也会相对降低，进而在一定程度上降低人口老龄化水平。但由于全面两孩政策实施后存活一孩育龄妇女的新增出生人口占总人口比例不大，因而对老年人口占总人口比例的影响有限。2020 年现行政策和全面两孩政策下，福建省老年人口占总人口的比例分别为 12.0% 和 11.1%，至 2050 年两者所占比例分别为 23.4% 和 22.6%，分别降

[①] 福建省人口计划生育委员会. 福建省人口发展战略研究 [M]. 福州：海风出版社，2007:474.

低了 11.4 个百分点和 11.5 个百分点（见图 5-5）。

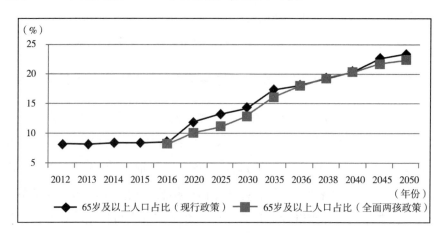

图 5-5 现行政策和全面两孩政策下福建省老年人口变化态势

测算结果数据显示（见图 5-6），全国全面两孩政策实施后至 2050 年，劳动年龄人口将增加 3 000 多万人，老年人口比重下降 2.0%，对经济潜在增长率产生的长期"正效应"为 0.4%—0.5%。[①] 相对于全国水平来说，福建省全面两孩政策实施后至 2050 年，少儿年龄人口（0—14 岁）比重增加 2.0—4.0 个百分点，劳动年龄人口（15—64 岁）比重增加 0.5 个百分点，老年人口（65 岁及以上）比重下降 0.8 个百分点，低于全国水平。

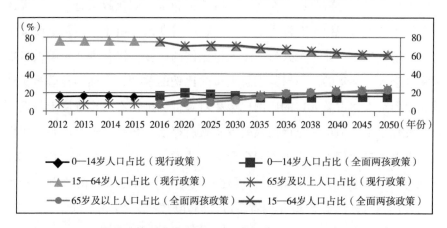

图 5-6 现行政策和全面两孩政策下福建省人口年龄结构变化态势

① 王培安. 论全面两孩政策 [J]. 人口研究，2016 (1).

五、抚养比持续增大态势基本上没有发生变化

如果从人口结构来分，抚养比可分为少儿抚养比（抚幼）、老年抚养比（赡老）和总抚养比。随着人口老龄化程度的加深，少儿抚养比、老年抚养比和总抚养比将不断增大。全面两孩政策的实施将对人口年龄结构产生一定的影响，并由此对少儿抚养比、老年抚养比和总抚养比产生影响。

全面两孩政策实施后的一段时期内，福建省少儿年龄人口规模和比例大体上分为4个阶段（见图5-7），呈现出先上升（2016—2023年）后下降（2023—2036年），再小幅抬升（2036—2045年）最后下降（2045年以后）的变化态势。

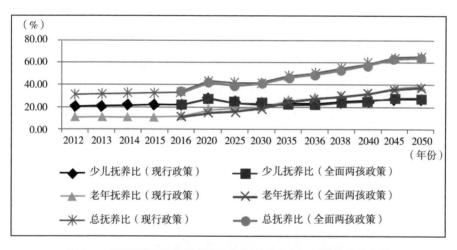

图5-7　现行政策和全面两孩政策下福建省人口抚养比变化态势

相应地，全面两孩政策实施后，福建省少儿抚养比呈现出先增后降再增的大体趋势。2016年少儿抚养比为22.57%，2020年增至27.16%的峰值，再降至2036年22.02%的谷底值，然后连续上升至2050年27.42%的水平。全面两孩政策对福建省劳动年龄人口比例和规模的影响可分为两个阶段：①全面两孩政策实施至21世纪30年代初期以前，主要表现为劳动年龄人口占总人口比例的增加；②21世纪30年代初期以后，主要表现为劳动年龄人口规模的增加，从而使劳动年龄人口规模减小的态势得到遏

制。相应地，全面两孩政策实施后，福建省老年抚养比将一下呈现出上升的态势，从 2016 年的 11.04% 上升到 2020 年的 14.29%，再分别上升到 2040 年、2050 年的 32.13%、36.78%。由于全面两孩政策实施对少儿抚养比和老年抚养比影响不大，因此全面两孩政策实施后总人口抚养比基本上和现行政策保持相同的发展轨迹，即呈现出持续增大的态势，从 2016 年的 33.60% 上升到 2020 年的 41.44%，再分别上升到 2040 年、2050 年的 57.48%、64.20%。由此可见，全面两孩政策实施后对福建省人口抚养比产生的影响并不明显，并将在一段时期内增大少儿人口抚养比系数。然而，这也是全面两孩政策实施应该承担的政策成本。

第六章　我国育龄妇女的
两孩再生育顾虑

人口生育是具有决定性意义的人口现象。人口生育对于个人、家庭和社会来说具有重要意义，新出生人口的数量和质量在人口增加的方向上影响人口再生产的过程。一个新生儿的诞生意味着一个新的生命来到世上，他将在自己生活的社会和地区度过个人的生命历程；同时，一个社会如果没有人口生育的持续发生，这个社会就不可能有一个自我替换和更新的持续发展。出生是人口自然变动的基本因素和人类更替的前提条件。由于生育是一种极其复杂的社会现象，其影响因素涉及社会生活的诸多方面。一般来说，妇女一生实现生育的生理能力是个定值，它不受种族、民族、生活环境以及食物构成不同的影响，只与内在的生理规律有关。但在实际生活中，制约人口生育水平的生物规律，是通过一定社会生产方式下的家庭关系和婚姻制度，并在人们一定的生育观支配下实现的。因此，社会经济因素对生育率有着巨大的影响和制约作用。

第一节　研究背景和文献综述

始于 20 世纪 80 年代初期全国范围内实施的较为严格的人口计划生育控制政策，使得我国人口生育率在较短时间内得到快速下降（见图 6-1）。人口统计数据显示：中华人民共和国成立后至 20 世纪 70 年代前，我国妇女总和生育率处于 5.0 以上的高位水平；20 世纪 70 年代至 20 世纪 90 年代前期处于 2.0 左右的水平。20 世纪 90 年代中期后低于 2.1 的更替水平。2000 年我国妇女总和生育率为 1.6（同年，全世界平均总和生育率为 2.8，发达国家为 1.6，发展中国家为 3.2，亚洲为 2.7）；2010 年、2015 年分别为 1.18、1.047，远低于 2.1 的更替水平。

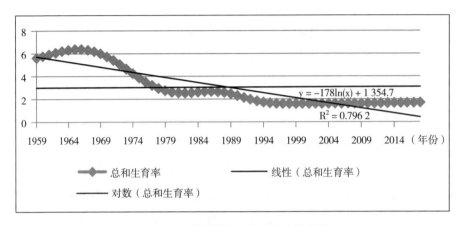

$$y = -178\ln(x) + 1\,354.7$$
$$R^2 = 0.796\,2$$

图 6-1　主要年份我国总和生育率曲线

　　面对我国人口生育率持续下降这一现实情况，党的十八届三中全会决定，实施一方为独生子女的夫妇可以生育两个孩子的人口生育政策（简称"单独两孩"生育政策）；2015 年 12 月，又全面实施一对夫妇可生育两个孩子政策（简称"全面两孩"生育政策）。但是，由于人口生育率下降的惯性作用以及其他方面的原因，全面两孩政策没有实现预期的政策效果。统计数据显示，全面两孩政策平稳落地第一年的 2016 年，全国全年出生人口为 1 786 万人，出生率为 12.95‰；但是，2017 年、2018 年，出生人口分别为 1 723 万人、1 523 万人，出生率分别为 12.43‰、10.94‰，出生人口和出生率都有着不同程度的下降。2018 年总和生育率降至 1.52，即一个育龄妇女平均只生育 1.52 个孩子，低于全面两孩政策的 2.0 个孩子的生育水平。可以说，全面两孩政策实施效果不及预期。

　　终于等到全面两孩政策，为什么又有这么多人不愿意生了？对此，国家卫健委负责人在 2019 年 3 月的全国"两会"上指出："影响群众生育行为的主要不是生育政策，而是经济社会因素。"也就是说，全面两孩政策能够满足我国绝大多数群体的生育意愿和生育要求，但由于相应的家庭发展支持体系不完善、不健全，使得相当一部分育龄家庭有着不少的生育顾虑，从而想生而"不敢生"和"生不起"。2016 年的全国"两会"上，国家卫计委负责人在就"实施全面两孩政策"答记者问中，对育龄家庭的生育顾虑做了如下表述："这些顾虑主要是集中在影响妇女的就业方面、孩子的照料问题、怎么解决入托和入学的问题，还有养育孩子的成本问题。"针对这一情况，2015 年 12 月，党和国家在启动全面两孩政策之时，就特别强调要"构建有利于计划生育的家庭发展支持体系"，鼓励按政策生育。

本部分以新生代农民工为个案，分析该群体符合全面两孩生育政策主体的生育顾虑，并利用 2016 年 5 月国家卫计委进行的"全国流动人口卫生计生动态监测调查"中广东省、福建省的数据，分析新生代农民工生育顾虑的主要表现和影响因素。农民工一般是指跨地区外出的"进城务工的农村居民"，它是我国一个数量非常庞大的社会群体（阶层）。关于农民工的数量，20 世纪 80 年代初期以 1 000 万级计，20 世纪 80 年代中后期以 2 000万—3 000 万级计，20 世纪 90 年代初期以 3 000 万—4 000 万级计，20 世纪 90 年代中后期以 5 000 万—7 000 万级计，2000 年后则以亿级计算。这里摘录几个重要年份的农民工数量予以说明。1982 年农民工数量为 657 万人，占全国总人口的 0.66%；进入 20 世纪 90 年代以后，农民工数量呈现出不断扩张的态势，从 1993 年的 7 000 万人增加到 2003 年的 1.4 亿人，10年内翻了一番，超过了全国人口总数的 10%，约占农村劳动力的 1/3；2005 年达到了 1.473 5 亿人；2014 年达到了 2.739 5 亿人。国家统计局公布的《2018 年农民工监测调查报告》数据显示：该年全国农民工总量为2.883 6 亿人，约占全国总人口的 1/5。

随着时间的推移，改革开放初期进城数量庞大的第一代农民工逐渐老去，成为"高龄农民工"。统计数据显示，无论是其绝对数还是相对值，我国 50 岁以上的农民工群体都正在持续扩大。《2018 年农民工监测调查报告》数据显示（见表 6-1）：该年农民工平均年龄为 40.2 岁，同比提高0.5 岁；从年龄结构来看，40 岁及以下农民工、50 岁以上农民工所占比重分别为52.1%（同比下降0.3%）、22.4%（同比提高1.1%）。①

表6-1　2014—2018年全国农民工年龄构成情况

单位:%

年龄	2014年	2015年	2016年	2017年	2018年
16—20岁	3.5	3.7	3.3	2.6	2.4
21—30岁	30.2	29.2	28.6	27.3	25.2
31—40岁	22.8	22.3	22.0	22.5	24.5
41—50岁	26.4	26.9	27.0	26.3	25.5
50岁以上	17.1	17.9	19.1	21.3	22.4

　　学术界一般将1980年前出生的、直接脱胎于农业生产和农村生活进城的农民工称为"第一代农民工"，而将1980年后出生的、上完学就进城打工的农民工称为"新生代农民工"。② 一段时期以来，新生代农民工占全部农民工的比例保持在一半以上的水平。2009年全国农民工监测调查报告数据显示，新生代农民工占比为61.6%；2014年，新生代农民工占比为47.0%；2018年，新生代农民工占全国农民工总量的比例为51.5%，其中"80后"（1980年后出生的）、"90后"（1990年后出生的）和"00后"（2000年后出生的）占比各为50.4%、43.2%、6.4%。③ 从婚姻状况来看，2009年，外出农民工已婚占比为56.0%；2018年，有配偶的为79.7%，其中，外出农民工（指在户籍所在乡镇地域外从业的农民工）有配偶的为68.1%，本地农民工（指在户籍所在乡镇地域以内从业的农民工）有配偶的为90.8%。以上数据反映出新生代农民工两个方面的人口学特征：①绝大多数新生代农民工处于20—29岁的生育年龄旺期；②2/3以上的新生代农民工处于婚配家庭状态。这些人口学特征满足了新生代农民工生育最重要的前提性条件。文献研究表明，新生代农民工的生育意愿与

---

① 国家统计局. 2018年农民工监测调查报告 ［R］. ［2019-04-29］，http://www. stats. gov. cn/tjsj/zxfb/201904/t20190429_ 1662268. html.

② 李培林. 流动民工的社会网络和社会地位 ［J］. 社会学研究，1996（4）.

③ 国家统计局. 2018年农民工监测调查报告 ［R］. ［2019-04-29］，http://www. stats. gov. cn/tjsj/zxfb/201904/t20190429_ 1662268. html.

生育行为表现出与其他职业人群不同的特征。在意愿子女数量方面，他们意愿子女数比城市居民多1个至2个;① 但根据成都、上海、义乌三地的抽样调查结果数据显示，新生代农民工的婚姻状况、经济收入和福利等因素与其生育意愿有着显著关系，而性别、年龄、文化程度等因素与其生育意愿不存在显著性关系。② 由此可见，新生代农民工由于学识、见识等方面的原因，他们的生育意愿与生育行为与第一代农民工和城市市民有着一定程度的差别，基本介于这两个群体之间。

笔者基于2016年全国流动人口动态监测调查广东、福建两省所得的数据，分析广东省、福建省新生代农民工的现有子女基本情况及两孩生育顾虑（以"不打算再生育一个孩子"为衡量指标），以及两孩生育顾虑的影响因素；在此基础上，提出与实施全面两孩政策配套衔接的家庭发展支持体系的完善内容和发展方向。

第二节　个案分析：广东省、福建省新生代农民工的基本情况

一、数据来源及变量选择

本书数据来自2016年5月国家卫计委进行的"全国流动人口卫生计生动态监测调查"广东省、福建省的数据（广东省和福建省是我国东部重要的人口流入地之一）。2015年全国1%人口抽样调查数据显示，全国流动人口规模为29 247万人，广东省、福建省流动人口分别为3 201.96万人、1 265.00万人，占两省总人口的比例分别为29.51%、32.99%。因此，以2016年"全国流动人口卫生计生动态监测调查"广东省、福建省两省数据进行抽样分析，具有一定的代表性。本次监测调查方法以广东省、福建省全员流动人口年报数据为基本抽样框，采取分层、多阶段、与规模成比例

---

① 梁如彦，周剑. 农民工生育意愿研究综述 [J]. 淮海工学院学报，2013 (12).

② 许传新. 新生代农民工生育意愿及相关因素分析 [J]. 中国青年研究，2012 (11).

的方法进行抽样。调查对象为"在本地居住一个月及以上，非本区（县、市）户口的男性和女性流动人口（2016 年 4 月年龄为 15 岁及以上，即 2000 年 4 月及以前出生）"。广东省、福建省的调查样本共 17 000 人（广东省、福建省分别为 10 000 人和 7 000 人），其中新生代农民工（调查时年龄为 15—35 岁，即 1980—2000 年出生）为 11 017 人，占比为 64.80%（广东省、福建省分别为 6 780 人和 4 237 人，占比分别为 44.45%、55.55%）。监测调查农民工基本情况自变量包括：性别、年龄（组）、民族、受教育程度、家庭月均总收入（国家统计局公布的《2016 年农民工监测调查报告》数据显示，全国农民工月均收入 3 275 元，东部地区务工的农民工月均收入 3 454 元。根据这一数据，本书将农民工月收入低于 3 000 元的界定为低收入，3 000—5 000 元的为中等收入，高于 5 000 元的为高收入）、户口性质、婚姻状况、现居住地、本次流动范围、本次流动时间以及流动原因。因变量主要有："您是否打算再生育一个孩子？""您不打算生育第二个孩子的主要原因是什么？"控制变量主要有：现有子女基本情况（包括数量、性别、户籍地、出生地、居住地、主要照料人和托育情况）、从事职业、就业单位所属行业、就业单位性质、就业身份、就业合同、住房性质和家庭月均总收入等。

广东省、福建省两省新生代农民工基本情况如表 6-2 所示。

表 6-2　广东省、福建省新生代农民工的基本情况

变量	广东省新生代农民工（子类型）	福建省新生代农民工（子类型）
性别	男（45.6%），女（54.4%）	男（51.1%），女（48.9%）
年龄（组）	15—19 岁（5.7%），20—24 岁（21.2%），25—29 岁（33.0%），30—34 岁（29.5%），35—36 岁（10.6%）	15—19 岁（6.6%），20—24 岁（20.4%），25—29 岁（33.6%），30—34 岁（30.4%），35—36 岁（9.0%）
民族	汉族（93.5%），壮族（2.8%），其他（3.7%）	汉族（94.6%），土家族（1.2%），苗族（1.1%），其他（3.1%）

变量	广东省新生代农民工（子类型）	福建省新生代农民工（子类型）
受教育程度	未上过学（0.2%），小学（3.1%），初中（48.5%），高中/中专（30.4%），大学专科（12.1%），大学本科（5.6%），研究生（0.2%）	未上过学（0.3%），小学（5.2%），初中（56.9%），高中/中专（22.1%），大学专科（9.7%），大学本科（5.5%），研究生（0.3%）
家庭月均总收入	低收入（25.8%），中等收入（56.3%），高收入（17.9%）	低收入（28.2%），中等收入（52.6%），高收入（19.2%）
户口性质	农业（87.8%），非农业（9.6%），农业转居民（0.5%），非农业转居民（0.1%），居民（1.9%），其他（0.1%）	农业（88.9%），非农业（4.2%），农业转居民（4.4%），非农业转居民（0.2%），居民（2.3%），其他（0.0%）
婚姻状况	未婚（33.4%），初婚（64.3%），再婚（0.6%），离婚（0.5%），丧偶（0.0%），同居（1.1%）	未婚（31.8%），初婚（65.6%），再婚（0.5%），离婚（0.6%），丧偶（0.0%），同居（1.4%）
现居住地	本地（100.0%），户籍地（0.0%）	本地（100.0%），户籍地（0.0%）
本次流动范围	跨省（68.0%），省内跨市（30.4%），市内跨县（1.5%），跨镇（0.0%）	跨省（54.4%），省内跨市（32.1%），市内跨县（13.4%），跨镇（0.0%）
本次流动时间	0—4年（70.8%），5—9年（20.7%），10—14年（6.2%），15—19年（1.9%），20—24年（0.3%），25—28年（0.1%）	0—4年（66.9%），5—9年（22.5%），10—14年（8.1%），15—19年（2.3%），20—24年（0.1%），25—28年（0.0%）
本次流动原因	务工/工作（74.7%），经商（15.9%），家庭随迁（4.7%），婚姻嫁娶（1.3%），投亲靠友（0.2%），出生（0.2%），其他（0.6%），照顾自家老人（0.0%），照顾自家小孩（2.3%）	务工/工作（71.5%），经商（17.8%），家庭随迁（6.8%），婚姻嫁娶（0.3%），投亲靠友（0.5%），出生（0.2%），其他（0.3%），照顾自家老人（0.0%），照顾自家小孩（2.7%）

监测调查数据显示，作为调查对象的广东省、福建省新生代农民工的年龄（组）主要集中在20—34岁（1982—1996年出生）这一年龄段，其比例分别为83.7%、84.4%；民族主要为汉族，占比分别为93.5%、94.6%；受教育程度主要为初中、高中/中专教育阶段，占比分别为78.9%、79.0%；家庭月均总收入是以中等收入为主，占比分别为56.3%、52.6%；户口性质主要为农业户口，占比分别为87.8%、88.9%；婚姻状

况主要为未婚、初婚两种状况，分别为 33.4%、64.3%，31.8%、65.6%；现居住地全部为流入地；本次流动时间主要集中在 0—4 年、5—9 年，分别为 70.8%、20.7%，66.9%、22.5%；流动原因主要为务工/工作，分别为 74.7%、71.5%。这些变量的同质性较大。但是，广东省、福建省新生代农民工的性别、本次流动范围等变量有着一定的差别。广东省男性新生代农民工少于女性（男、女占比为 45.6%、54.4%），而福建省则是男性多于女性（男、女占比为 51.1%、48.9%）；广东省跨省新生代农民工比例（68.0%）比福建省（54.4%）多出了 13.6 个百分点，而省内跨市比例（30.4%）比福建省（32.1%）少了 1.7 个百分点。以上变量的异同，与广东省、福建省经济结构有着密切关系。

二、广东省、福建省新生代农民工现有子女基本情况

监测调查数据显示（见表6-3），广东省、福建省新生代农民工现有1个子女的比例最大，分别为 50.6%、51.2%，现有 2 个子女的比例分别为 36.6%、38.7%。这一比例介于城市居民与农村居民之间。福建省新生代农民工现有子女性别比高于广东省，其比例分别为 107.03、112.34（女性＝100）；其现有子女出生地主要以新生代农民工的户籍地为主（比例为广东省 64.6%、福建省 68.0%），而户籍地主要是以非流入地、流动地的其他地方为主（比例为广东省 94.6%、福建省 94.8%）；居住地则主要是以流入地为主（比例为广东省 63.5%、福建省 65.7%），但居住在户籍地的比例分别高达 35.6%、33.2%，这一数据也反映了目前留守儿童比例相当大的现实情况。广东省、福建省新生代农民工现有子女的主要照料人排在前 3 位的分别为父母双方（其比例分别为 42.3%、43.0%）、祖辈（其比例分别为 31.5%、30.7%）和母亲（其比例分别为 22.1%、23.5%），这一情况和其居住地比例情况基本上是相一致的。其托育情况以在家（其比例分别为 51.6%、42.0%）、入园（其比例分别为 38.0%、47.2%）两种情况为主。

表6-3 广东省、福建省新生代农民工现有子女基本情况

变量	广东省新生代农民工（子类型）	福建省新生代农民工（子类型）
数量	暂无（8.7%），1个（50.6%），2个（36.6%），3个（3.2%），4个（0.9）。均值1.37个	暂无（6.8%），1个（51.2%），2个（38.7%），3个（3.0%），4个（0.3%）。均值1.39个
性别	男（51.7%），女（48.3%）	男（52.8%），女（47.2%）
户籍地	本地（5.4%），其他地方（94.6%）	本地（5.2%），其他地方（94.8%）
出生地	本地（29.0%），户籍地（64.6%），其他地方（6.4%）	本地（26.3%），户籍地（68.0%），其他地方（5.7%）
居住地	本地（63.5%），户籍地（35.6%），其他地方（0.8%）	本地（65.7%），户籍地（33.2%），其他地方（1.0%）
主要照料人	父亲（1.2%），母亲（22.1%），父母双方（42.3%），祖辈（31.5%），其他亲属（1.1%），老师托管（1.6%），无人托管（0.2%）	父亲（1.0%），母亲（23.5%），父母双方（43.0%），祖辈（30.7%），其他亲属（0.8%），老师托管（0.9%），无人照管（0.1%）
托育情况	在家（51.6%），入托（2.3%），入园（38.0%），小学（8.1%）	在家（42.0%），入托（3.6%），入园（47.2%），小学（7.2%）

第三节 广东省、福建省新生代农民工
两孩生育顾虑的影响因素

　　监测调查数据显示，现有1个子女且已婚配的广东省、福建省新生代农民工中，明确打算再生育一个孩子的比例分别为25.23%、31.48%，持模糊态度（没想好）的比例分别为20.07%、22.32%，明确表示"不打算再生育一个孩子"的比例分别为54.70%、46.20%。本次流动人口监测调查时间是在全面两孩人口生育政策实施之后进行的。但有将近一半的新生代农民工明确表示"不打算再生育一个孩子"（如果说再加"持模糊态度"的，其比例则超过了2/3），这说明，新生代农民工有着较强的两孩生育顾虑。

　　表6-4为广东省、福建省新生代农民工两孩生育顾虑与其自身特征相

关关系矩阵。表中数据显示，广东省、福建省新生代农民工"不打算再生育一个孩子"与其性别（P = 0.000 < 0.1）、户口（P = 0.001 < 0.05）、受教育程度（P = 0.000 < 0.1）等自变量呈现负相关关系，其Spearman's rho相关系数分别为-0.037、-0.039，-0.017、-0.015，-0.028、-0.026；与其年龄（P = 0.001 < 0.05）等自变量呈现正相关关系，其Spearman's rho相关系数分别为0.014、0.013。特别是，新生代农民工两孩生育顾虑与其婚姻状况（P = 0.50 > 0.1）和现有子女性别（P = 0.50 > 0.1）等变量没有显著性关系，可能原因在于：广东省、福建省新生代农民工的婚姻状况以未婚、初婚这两种情况为主（其比例分别为97.7%、97.4%），其他形态的婚姻形式（再婚、离婚、丧偶、同居等，两省的比例分别只有2.3%、2.6%）所占的比例非常低；而两孩生育意愿与其现有子女性别之间的非显著性关系，说明了我国传统家庭的"儿女双全"观念正在发生着变化。

表6-4　新生代农民工两孩生育顾虑与其自身特征相关关系矩阵

			性别	年龄	户口	教育程度	婚姻状况	子女性别
Spearman's rho	不打算再生育一个孩子	相关系数（粤）	-0.037**	0.014	-0.017**	-0.028**	-0.016**	-0.025**
		Sig.（双侧）	0.000	0.001	0.001	0.000	0.500	0.500
		相关系数（闽）	-0.039**	0.013	-0.015**	-0.026**	-0.010**	-0.026**
		Sig.（双侧）	0.000	0.001	0.001	0.000	0.500	0.500
**. 在置信度（双侧）为0.1时，相关性是显著的。								

表6-5为广东省、福建省新生代农民工两孩生育顾虑与其就业特征相关关系矩阵。表中数据显示，广东省、福建省新生代农民工"不打算再生育一个孩子"与其从事的主要职业（p = 0.000 < 0.05）、就业身份（p = 0.005 < 0.05）和家庭月均总收入（p = 0.000 < 0.1）等变量之间呈现出正相关关系，其Spearman's rho相关系数分别为0.012、0.013，0.015、0.017，0.023、0.025；与其就业单位所属行业（p = 0.001 < 0.1）、就业单位性质（p = 0.000 < 0.1）、签订就业合同（p = 0.000 < 0.05）和住房性质（p = 0.000 < 0.1）等变量之间呈现出负相关关系，其Spearman's rho相

关系数分别为 -0.016、-0.017，-0.024、-0.022，-0.019、-0.018，-0.014、-0.016。

表 6-5　新生代农民工两孩生育顾虑与其就业特征相关关系矩阵

			从事职业	就业单位所属行业	就业单位性质	就业身份	就业合同	住房性质	家庭月均总收入
Spearman's rho	不打算再生育一个孩子	相关系数（粤）	0.012	-0.016**	-0.024**	0.015	-0.019	-0.014**	0.023**
		Sig.（双侧）	0.000	0.001	0.000	0.005	0.000	0.000	0.000
		相关系数（闽）	0.013	-0.017**	-0.022**	0.017	-0.018	-0.016**	0.025*
		Sig.（双侧）	0.000	0.001	0.000	0.005	0.000	0.000	0.000
＊＊. 在置信度（双侧）为 0.1 时，相关性是显著的。									

从以下基于广东省、福建省新生代农民工两孩生育顾虑的影响因素（Logistic Regression）的分析结果中可以看到，在显著性影响广东省、福建省新生代农民工"不打算再生育一个孩子"的自身特征和就业特征的所有变量因素中，年龄、从事职业、就业身份和家庭月均总收入的 Logistic Regression 均为正值。其结果分别为：①随着年龄的增加，广东省、福建省新生代农民工"不打算再生育一个孩子"的发生比率更大；年龄每增加一岁，没有参加社会养老保险的发生比率分别增加了 5.0%、6.0%；②随着广东省、福建省新生代农民工的职业从相对稳定到不稳定变化一个档次，其"不打算再生育一个孩子"的比例分别增加了 12.0%、13.0%；③随着广东省、福建省新生代农民工就业身份从雇主到自由职业者变化一个档次，其"不打算再生育一个孩子"的比例分别增加了 0.7%、0.8%；④家庭月均总收入每增加一个档次，其"不打算再生育一个孩子"的比例分别增加了 12.0%、13.0%。从以上数据可以发现，从事职业、家庭月均总收入这两个变量对广东省、福建省新生代农民工的两孩生育顾虑影响最大。

在显著性影响广东省、福建省新生代农民工"不打算再生育一个孩子"的自身特征和就业特征的所有变量因素中，性别、户口性质、受教育程度、就业单位所属行业、就业单位性质、就业合同、住房性质的 Logistic Regression 均为负值。其结果分别为：①相对于广东省、福建省男性新生代农民工来说，女性"不打算再生育一个孩子"的比例分别降低了 37.0 个百分点、32.0 个百分点（男性新生代农民工生育意愿高于女性）；②就户口变量来说，新生代农民工的户口每变化一个层级，"不打算再生育一个孩子"的比例分别降低了 7.0 个百分点、9.0 个百分点；③就受教育程度来说，每增加一档受教育程度，其"不打算再生育一个孩子"的比例分别降低了 11.0 个百分点、13.0 个百分点；④广东省、福建省新生代农民工两孩生育意愿与其就业特征之间的发生比率也比较明显，其就业单位所属行业、就业单位性质、就业合同、住房性质等变量每变化一个档次，其"不打算再生育一个孩子"的比例分别降低了 3.0 个百分点、3.0 个百分点，4.0 个百分点、5.0 个百分点，8.0 个百分点、8.0 个百分点，12.0 个百分点、13.0 个百分点。可以说，新生代农民工的职业越稳定、职业声望越高、签订的劳动合同期限越长，其两孩生育顾虑相对越大。从以上数据可以发现，性别、受教育程度和住房性质这 3 个变量对广东省、福建省新生代农民工的两孩生育顾虑影响最大（见表 6-6）。

表 6-6 新生代农民工两孩生育顾虑的影响因素（Logistic Regression）

变量	回归系数（B1）	回归系数（B2）	Exp（B1）	Exp（B2）
性别	-0.47（.000）	-0.38（.001）	0.63	0.68
年龄	0.05（.001）	0.06（.001）	1.05	1.06
户口性质	-0.07（.001）	-0.09（.001）	0.93	0.91
受教育程度	-0.12（.000）	-0.14（.001）	0.89	0.87
从事职业	0.11（.000）	0.12（.001）	1.12	1.13
就业单位所属行业	-0.03（.001）	-0.03（.001）	0.97	0.97
就业单位性质	-0.04（.000）	-0.05（.001）	0.96	0.95

续表

变量	回归系数（B1）	回归系数（B2）	Exp（B1）	Exp（B2）
就业身份	0.07（.005）	0.08（.001）	1.07	1.08
就业合同	−0.08（.000）	−0.08（.001）	0.92	0.92
住房性质	−0.12（.000）	−0.13（.001）	0.89	0.88
家庭月均总收入	0.11（.000）	0.12（.001）	1.12	1.13
常数项	23.25	25.45	—	

注1：$N=17\,000$，$-2LL=25.05$，$x=23.12$，$df=2508$，预测正确率$=73.08\%$。

注2：B1、B2分别为广东省、福建省新生代农民工"不打算再生育一个孩子"与其对应变量的系数；Exp（B1）、Exp（B2）分别为广东省、福建省新生代农民工"不打算再生育一个孩子"与其对应变量的发生比率。

在影响已婚育龄广东省、福建省新生代农民工"不打算生育两孩"的因素中，排在前3位的分别为"经济负担重""没人看孩子"和"养育孩子太费心"（见表6-7），分别有将近一半的广东省、福建省新生代农民工选择了这3个方面的原因（多选题），其中分别有55.23%、53.55%的新生代农民工认为"经济负担重"是他们"不打算生育两孩"的首因。而其他诸如影响工作、年龄太大、身体不好、觉得一个孩子好、老大不愿意和配偶不愿意等原因所占的比例是非常低的；特别是"老大不愿意"和"配偶不愿意"这两个选项的比例分别只有5.03%、2.89%，5.01%、2.66%。这从另一个方面说明了新生代农民工两孩生育顾虑主要在于孩子养育成本（经济方面）、孩子照料问题和孩子抚养成本（如时间、精力）等方面。

表6-7 新生代农民工已婚育龄1个子女两孩生育顾虑的原因

具体原因	广东省（%）	福建省（%）
经济负担重	55.23	53.55
没人看孩子	49.03	50.25
养育孩子太费心	48.21	48.96
影响工作	12.18	20.13
年龄太大	10.03	12.55

续表

具体原因	广东省（%）	福建省（%）
身体不好	9.25	8.30
觉得一个孩子好	9.81	5.23
老大不愿意	5.03	2.89
配偶不愿意	5.01	2.66

这一情况也和广东省、福建省新生代农民工现有子女的主要照料人（排在前 3 位的分别为父母双方、祖辈和母亲）、托育情况（排在前两位的分别为在家、入园）相对应。卡方检验结果显示，广东省、福建省新生代农民工"不打算生育两孩"与现有子女的主要照料人、托育情况的卡方值（x^2）分别为 0.45、0.51，0.48、0.43，也就是说，广东省、福建省新生代农民工现有子女的主要照料人、托育情况对他们"不打算生育两孩"的影响度将近为 50.0%。

第四节　舒缓新生代农民工两孩生育顾虑的政策体系

农民工是在我国改革开放人口流动过程中所出现的一个特殊群体，"既非传统意义上的城镇居民，亦非传统意义的农村居民，是一个与农民和市民均不同质的群体"。[①] 一段时间以来，20 世纪 80 年代后出生的新生代农民工的比例逐渐扩大。2018 年国家统计局《农民工监测调查报告》数据显示：40 岁及以下农民工所占比重为 52.1%，其中 21—30 岁农民工的比例为 25.2%。作为处在生育年龄——特别是生育年龄旺期的数量庞大的新生代农民工，因为孩子照料、入托入学和孩子养育成本问题，他们有着不少的生育顾虑。因此，构建有利于全面两孩政策的家庭发展支持体系对于消减新生代农民工群体的生育顾虑，具有重要意义。

第一，进一步增加新生代农民工的收入，为他们生育抚养孩子提供经

---

① 李强. 城市农民工的失业与社会保障问题 [J]. 新视野，2001（5）.

济基础。一段时期以来，经济社会因素已超越人口生育政策，成为影响人们生育行为的主要因素。2016 年"全国流动人口卫生计生动态监测调查"广东省、福建省数据显示，在影响新生代农民工生育顾虑的因素中，"经济负担重"排在首位。相对于其他群体来说，农民工的工资收入不是很高。2016 年国家统计局《农民工监测调查报告》数据显示：2016 年，农民工月均收入为 3 275 元，相当于同年全国城镇非私营单位就业人员月平均收入（5 630.75 元）的 58.16%、城镇私营单位就业人员（3 569.42 元）的 91.75%。特别是农民工群体被拖欠工资的现象还比较严重。2016 年，被拖欠工资农民工人数为 236.9 万人，比重为 0.84%；被拖欠工资的农民工人均拖欠工资 11 433 元，占农民工全部工资收入的 29.09%。因此，政府相关部门在进一步保障农民工有效就业的前提下，需采取有效措施，保证他们的工资收入，从根本上改善其经济条件，为其抚养孩子奠定经济基础。

第二，大力发展公共幼儿及小学设施和服务，减轻新生代农民工家庭照料负担。动态监测调查数据显示，广东省、福建省新生代农民工现有子女的主要照料人排在前 3 位的分别为父母双方、祖辈和母亲。可以看出，新生代农民工现有子女照料工作大部分由其父母辈、祖辈承担；随着其父母辈、祖辈年龄的不断增大，身体健康条件会越来越难以胜任他们第 2 个孩子的照料任务。而新生代农民工的配偶（主要是指孩子的母亲）也需要工作，以保证家庭必需的经济支出。此外，在目前及将来一段时期内，特别是针对 0 岁到 3 岁孩子的公共托幼服务以及优质小学教育还是稀缺资源的背景下，相对于城市居民来说，因为户籍、住房等方面条件的制约，新生代农民工子女难以享受与城市居民相同的学前幼儿及小学教育资源。这些都增加了他们的生育顾虑。因此，政府相关部门要进一步发展针对新生代农民工孩子的公共幼儿及小学设施和服务，特别是完善 0 岁到 3 岁孩子托幼设施，为其家庭提供更多优质安全、接送方便、能负担得起的公共托幼服务，减轻其家庭照料负担。①

第三，大力发展家政服务等社会民生事业，分担新生代农民工子女的养育成本。养育孩子的成本包括直接成本和间接成本。一段时间以来，我国养育孩子的成本居高不下已经成为不争的事实。

就直接成本来说，虽然没有明确的统计数据，但抚养孩子经济方面的支出呈现出快速增长的态势。以前，多养一个孩子就是"多一双筷子"，但目前两孩抚养成本"边际效应"不是在减少，而是在增加，多养一个孩子就是多一份支出。目前抚养两个孩子的经济成本是比较大的。

就间接成本来说，从孩子出生、学前教育到小学教育，都会耗费父母亲以及祖辈们无尽的精力和时间。"生不易，养更难"说的就是这个意思。

美国人口经济学家莱宾斯坦认为：孩子的抚养成本以及孩子能够给父母带来的效益是影响父母生育意愿并影响家庭生育行为的重要因素。② 基于此，随着养育孩子的经济成本的快速提升，对于新生代农民工群体来说，生育两孩无疑是一个巨大的挑战。因此，大力发展家政服务等社会民生事业，分担新生代农民工子女的养育成本，可以有效减少他们的生育顾虑，也只有这样，才能让新生代农民工家庭愿意生、敢于生、乐于生，生得起、养得起、养得好。

---

① 针对这一方面的诉求，《中共中央 国务院关于实施全面两孩政策改革完善计划生育服务管理的决定》强调，要"根据生育服务需求和人口变动情况，合理配置妇幼保健、儿童照料、学前和中小学教育、社会保障等资源，满足新增公共服务需求"。2019年全国"两会"上，政府工作报告强调：婴幼儿照护事关千家万户；要针对实施全面两孩政策后的新情况，加快发展多种形式的婴幼儿照护服务，支持社会力量兴办托育服务机构，加强儿童安全保障。

② 李竞能. 现代西方人口理论 [M]. 上海：复旦大学出版社，2004:163.

第七章　我国婴幼儿照护服务供给现状及其影响因素

3岁以下婴幼儿（以下简称婴幼儿）照护服务是生命全周期服务管理的重要内容，事关婴幼儿健康成长，事关千家万户。一段时期以来，我国3岁以下婴幼儿照护服务事业取得了重要成绩。但由于一些原因，仍然存在着一些问题。中共中央、国务院对进一步促进3岁以下婴幼儿照护服务发展非常重视。2019年4月17日，《国务院办公厅关于促进3岁以下婴幼儿照护服务发展的指导意见》（国办发〔2019〕15号）强调，要"以需求和问题为导向，推进供给侧结构性改革，建立完善促进婴幼儿照护服务发展的政策法规体系、标准规范体系和服务供给体系"。

第一节　我国婴幼儿照护服务发展的政策体系

"全面两孩"人口生育政策实施后的2016年、2017年，全国全年出生人口规模分别为1786万人、1723万人，出生率分别为12.95‰、12.43‰，政策效果较为明显。这一规模明显高于政策实施前的2014年、2015年，该两年全国出生人口规模分别为1687万人、1655万人，出生率分别为12.37‰、12.07‰，也高于"十二五"时期年均出生1644万人的水平。但到了2018年，全年全国出生人口仅为1523万人，出生率为10.94‰。这一数据相对于2016年、2017年来说，下降比例是比较大的，且明显低于"十二五"时期年均出生水平。由此可见，我国出生人口下降不是周期性波动，可能在未来一段时期内呈现出总趋势、长期性的快速下滑。对此态势，党的十九届四中全会提出要进一步"优化生育政策，提高人口质量"。

"盼星星，盼月亮"，终于等到全面两孩政策实施了，为什么又有这么多人不愿意生了？个中原因可能是多方面、全方位的。而"0—3岁婴幼儿照护服务发展"问题是其中一个重要因素。国家卫计委原负责人在就"实施全面两孩政策"答记者问中指出，"0—3岁婴幼儿的照料及入托问题"是育龄妇女再生育两孩的主要顾虑之一。全国妇联妇女研究所一项专项调查结果也显示，"0—3岁婴幼儿抚育面临着不少困难，托幼特别是3岁以下小孩的托幼资源比较缺乏，多数家庭主要靠祖辈抚育第三代"是影响育龄妇女两孩生育意愿的主要因素。全国妇联调查数据佐证了这一结论：分别有80.0%、70.0%的育龄夫妇将公共服务因素、"孩子上幼儿园前是否有人照看"作为是否生育两孩的重要考虑因素。[①]

0—3岁婴幼儿照护服务是生命全周期服务管理的重要内容。这一阶段所接受的照护服务质量和水平对儿童一生有着长久的影响，事关婴幼儿健康成长，事关千家万户。一般认为，婴幼儿照护服务（Child Care Services）是面向特殊儿童（这里主要是指年龄）所提供的一种特定的服务，具有特定的内容，并由特定形态的机构组织实施。[②] 陈若琳等学者认为，照护服务是专门为支援家庭系统中照顾儿童功能而设置的正式支持系统，以补充家庭内照顾功能的不足。[③] 上海市《关于促进和加强本市3岁以下幼儿托育服务工作的指导意见》指出，托育服务是为3岁以下幼儿及其家长提供幼儿保育和科学育儿指导的服务。《国务院办公厅关于促进3岁以下婴幼儿照护服务发展的指导意见》分别从政策支持、用地保障、队伍建设、信息支撑和社会支持5个方面对"0—3岁婴幼儿照护服务"的"保障措施"

---

① 马驰. 城镇0—3岁幼儿托育服务亟须构建早教公共服务体系 [J]. 黑龙江社会科学，2019（3）.

② 周震欧. 儿童福利 [M]. 台北：台湾巨流图书公司，1996:78.

③ 陈若琳，等. 新北市家长对婴幼儿托育照顾的满意度研究 [J]. 人类发展与家庭学报，2014（16）.

进行具体安排。[①]

但是，由于一段时期以来对于婴幼儿照护服务工作重视不够、投入不足，我国婴幼儿照护服务供给短缺，一方面家庭托育能力有限，面临着较大的压力；另一方面社会托育机构数量不足，且发展水平参差不齐。婴幼儿照护服务工作整体滞后、托儿需求与服务供给矛盾突出，已经成为影响平衡家庭与职业发展、影响"全面两孩政策"实施的重要因素。教育部《2005 年全国教育事业发展统计公报》显示，相比 2000 年，我国集体性托幼机构锐减 70.0%；有研究显示，2006—2016 年，0—3 岁婴幼儿的入托率仅为 4.8%。[②] 目前，由于我国绝大多数地区 0—3 岁婴幼儿早期教育公共

---

① 《国务院办公厅关于促进 3 岁以下婴幼儿照护服务发展的指导意见》规定：a. 加强政策支持。充分发挥市场在资源配置中的决定性作用，梳理社会力量进入的堵点和难点，采取多种方式鼓励和支持社会力量举办婴幼儿照护服务机构。鼓励地方政府通过采取提供场地、减免租金等政策措施，加大对社会力量开展婴幼儿照护服务、用人单位内设婴幼儿照护服务机构的支持力度。鼓励地方政府探索试行与婴幼儿照护服务配套衔接的育儿假、产休假。创新服务管理方式，提升服务效能水平，为开展婴幼儿照护服务创造有利条件、提供便捷服务。b. 加强用地保障。将婴幼儿照护服务机构和设施建设用地纳入土地利用总体规划、城乡规划和年度用地计划并优先予以保障，农用地转用指标、新增用地指标分配要适当向婴幼儿照护服务机构和设施建设用地倾斜。鼓励利用低效土地或闲置土地建设婴幼儿照护服务机构和设施。对婴幼儿照护服务设施和非营利性婴幼儿照护服务机构建设用地，符合《划拨用地目录》的，可采取划拨方式予以保障。c. 加强队伍建设。高等院校和职业院校（含技工院校）要根据需求开设婴幼儿照护相关专业，合理确定招生规模、课程设置和教学内容，将安全照护等知识和能力纳入教学内容，加快培养婴幼儿照护相关专业人才。将婴幼儿照护服务人员作为急需紧缺人员纳入培训规划，切实加强婴幼儿照护服务相关法律法规培训，增强从业人员法治意识；大力开展职业道德和安全教育、职业技能培训，提高婴幼儿照护服务能力和水平。依法保障从业人员合法权益，建设一支品德高尚、富有爱心、敬业奉献、素质优良的婴幼儿照护服务队伍。d. 加强信息支撑。充分利用互联网、大数据、物联网、人工智能等技术，结合婴幼儿照护服务实际，研发应用婴幼儿照护服务信息管理系统，实现线上线下结合，在优化服务、加强管理、统计监测等方面发挥积极作用。e. 加强社会支持。加快推进公共场所无障碍设施和母婴设施的建设和改造，开辟服务绿色通道，为婴幼儿出行、哺乳等提供便利条件，营造婴幼儿照护友好的社会环境。企业利用新技术、新工艺、新材料和新装备开发与婴幼儿照护相关的产品必须经过严格的安全评估和风险监测，切实保障安全性。

② 胡薇. 婴幼儿照护应纳入公共服务体系 [J]. 中国卫生，2019（8）.

服务起步晚、水平低，难以满足社会的需求，虽然有一些商业早教机构，但专门进行"幼儿教育"和"幼儿托管"的机构却很少，可以说婴幼儿托育机构发展不均衡，让很多0—3岁婴幼儿无处可"托"、无处可"育"。2017年，陕西省宝鸡市有0—3岁婴幼儿11.6万人，但0—3岁婴幼儿托育服务机构只有32家，3岁以下托班幼儿832人。① 可以说，婴幼儿照护服务的供需矛盾是比较大的。

研究表明，更好的0—3岁婴幼儿照护服务可以提高家庭生育意愿、提高女性劳动参与率，② 促进经济社会发展。针对这一现实情况，党的十九大报告明确提出了"幼有所育"的民生政策目标。《中共中央 国务院关于实施全面两孩政策 改革完善计划生育服务管理的决定》强调：要进一步"增强家庭抚幼和养老功能"，建立完善包括生育支持、幼儿养育等在内的家庭发展支持政策；增强社区幼儿照料、托老日间照料和居家养老等服务功能。2001年国务院《中国儿童发展纲要（2001—2010年）》、2010年《国家中长期教育改革和发展规划纲要（2010—2020年）》、2011年国务院《中国儿童发展纲要（2011—2020年）》和2013年教育部办公厅《教育部启动0—3岁婴幼儿早期教育试点》等政府文件，都明确提出了要"促进0—3岁婴幼儿照护服务发展"。《国务院办公厅关于促进3岁以下婴幼儿照护服务发展的指导意见》从3个方面提出了加强婴幼儿照护服务发展工作的指导性意见：加强对家庭婴幼儿照护的支持和指导；加大对社区婴幼儿照护服务的支持力度；规范发展多种形式的婴幼儿照护服务机构。由此，0—3岁婴幼儿照护服务已经成为新时期人口和经济社会发展的重要议题，成为满足人民日益增长的美好生活需要的重要内容。

基于这一背景，本书基于福建省闽南地区厦门市、泉州市和漳州市3个地区育龄家庭0—3岁婴幼儿照护服务问题的问卷调查数据，分析育龄家庭（包括育龄夫妇、祖辈）关于0—3岁婴幼儿照护服务的现状和影响因素，并在此基础上，进一步探究如何建立健全婴幼儿照护服务发展的公共

---

① 周淑丽. 3岁以下娃托育咋解决？[N]. 宝鸡日报，2019-07-09.

② 胡薇. 婴幼儿照护应纳入公共服务体系 [J]. 中国卫生，2019（8）.

服务体系，以期对进一步完善0—3岁婴幼儿照护服务发展提供前期基础性的研究工作。

第二节 个案研究：福建省闽南地区婴幼儿 照护服务发展现状

一、数据来源与变量设置

本书根据2019年12月分别对福建省闽南地区厦门市、泉州市和漳州市3个地区育龄家庭0—3岁婴幼儿照护服务发展问题的抽样调查数据进行抽样分析。调查样本按照多阶段抽样方法抽取。本次调查共发放600份调查问卷（厦门市、泉州市和漳州市各200份），共回收问卷550份，其中有效问卷为528份，所占比例分别为91.66%、88.00%。本次抽样调查对象分别为育龄夫妇、育龄家庭长辈（育龄夫妇双方的父母亲）。调查问卷包括的自变量主要有：性别（男、女）、年龄（组）、受教育程度、户口性质、健康状况（主观判断分为健康、一般和较差3档）、职业、经济收入（主观判断分为高收入、中等收入、低收入3档）、住房面积（主观判断分为较大、一般、较小3档）、是否已生育两孩等几个因素。

福建省闽南地区婴幼儿照护服务发展的抽样调查对象的基本情况如表7-1所示。

表7-1 福建省闽南地区婴幼儿照护服务发展调查对象基本情况

变量	育龄夫妇：子类型	育龄家庭长辈：子类型
性别	男（55.2%）；女（44.8%）	男（38.1%）；女（61.9%）
年龄（组）	30岁以下（10.1%），30—39岁（80.2%），40岁以上（9.7%）	50—60岁（7.4%），60—65岁（44.3%），65岁以上（48.3%）
受教育程度	中学及以下（12.5%），大学（73.6%），研究生及以上（13.9%）	中学及以下（62.4%），大学（36.4%），研究生及以上（1.2%）

变量	育龄夫妇：子类型	育龄家庭长辈：子类型
户口性质	非农业（66.0%），农业（34.0%）	非农业（62.0%），农业（38.0%）
健康状况	健康（50.2%），一般（34.6%），较差（15.2%）	健康（30.1%），一般（36.0%），较差（33.9%）
职业	公务员（15.2%），事业单位（28.2%），企业单位（13.5%），自由职业（43.1%）	公务员（8.5%），事业单位（25.2%），企业单位（36.3%），自由职业（30.0%）
经济收入	高收入（15.7%），中等收入（46.2%），低收入（38.1%）	高收入（8.4%），中等收入（36.7%），低收入（54.9%）
住房面积	较大（20.3%），一般（56.1%），较小（23.6%）	较大（28.2%），一般（49.1%），较小（22.7%）
育龄夫妇是否已生育两孩	已生育（42.4%），没有生育（57.6%）	已生育（40.1%），没有生育（59.9%）

调查数据的统计显示，本次抽样调查对象的育龄夫妇及育龄家庭长辈基本情况如下：①育龄夫妇男性比女性多10.4个百分点，而其长辈女性比男性多23.8个百分点；②育龄夫妇及其长辈的年龄段分别集中在30—39岁、60岁及以上；③育龄夫妇及其长辈的受教育程度有着一定的差异，分别集中在大学及以上（87.5%）和大学及以下（98.8%），其户口主要以非农业为主，其从事自由职业的比例都超过了30.0%；④健康状况、经济收入和住房面积3个变量为主观自评，分为3级，因为年龄原因，育龄夫妇及其长辈关于这3项的选择有着明显的差异，如"健康状况"选项，选择"健康""一般"的比例分别为84.8%、66.1%；⑤育龄夫妇"已生育"的比例为42.4%，而育龄夫妇长辈选择育龄夫妇"已生育"的比例为40.1%，这两者之间比例相差不大。

二、研究基础理论与研究内容

在0—3岁婴幼儿照护服务过程中，育龄夫妇和其祖辈（这里指相对于婴幼儿而言的第三辈）都发挥着重要作用。文献研究显示，由于工作、职业等方面的原因，婴幼儿隔代照护服务的比例都是比较高的，[①] 且成为世界性的照护服务现象。在美国，有 40.0% 的祖父母每年为有工作的子女提供至少 50 个小时的孙辈照护服务；[②] 在欧洲，有 40.0%—60.0% 的祖父母每年都会有相当长的时间照护孙辈；[③] 在中国，祖父母照护孙子女的比例高达 58.0%，[④] 在农村地区，祖父母对其留守孙子女的隔代照护，时间更长，已使他们变成了实际上的"代理父母"。[⑤] 北京市学前教育统计数据显示，该市 0—3 岁幼儿的入托率只有 12.0%；剩下 88.0% 的幼儿中，至少有一半是依靠祖辈的隔代照护。据中国老龄科研中心的调查显示，我国帮助子女照顾婴幼儿的老年人的比例为 66.47%；2.5 岁以前的婴幼儿，主要由祖父母辈照顾的比例为 60.0%—70.0%，其中有 30.0% 的婴幼儿长时间由祖辈隔代照护。[⑥] 中国老龄科研中心"老年政策研究"专项调查数据显示，2006 年，祖辈隔代照护孙辈的比例为 66.47%，2009 年上升至69.3%。[⑦] 从历史数据来看，完全由祖辈隔代照护二代家庭户占全部家庭户的比重，从 1982 年的 0.7% 上升到 2010 年的 2.26%，[⑧] 增长的幅度是比较大的。

由于隔代照护服务成为国内外的普遍现象，不少学者从理论上探讨了这一现象背后的缘由。代际交换互惠理论是隔代照护服务的重要理论解

---

① 徐友龙."中国式隔代抚育"现象论析 [J]. 浙江社会科学，2019 (10).

② HUGHES, M. E., WAITE, L. J., LAPIERRE, T. A., LUO, Y. All in the Family：The Impact of Caring for Grandchildren on Grandparents' Health [J]. The Journals of Gerontology Series B：Psychological Sciences and Social Sciences，2007，62 (2).

③ ATTIAS-DONFUT, C., OGG, J., WOLFF, F. C.. European Patterns of Intergenerational Financial and Time Transfers [J]. European Journal of Aging，2005，2 (3).

④ KO, P. C., HANK, K.. Grandparents Caring for Grandchildrenin China and Korea：Findings from CHARLS and KLo SA [J]. The Journals of Gerontology Series B：Psychological Sciences and Social Sciences，2014，69 (4).

⑤ 徐友龙."中国式隔代抚育"现象论析 [J]. 浙江社会科学，2019 (10).

⑥ 穆光宗. 让隔代抚养回归慈孝之道 [J]. 人民论坛，2017 (12).

⑦ 陈雯. 亲职抚育困境：二孩国策下的青年脆弱性与社会支持重构 [J]. 中国青年研究，2017 (10).

⑧ 胡湛，彭希哲. 中国当代家庭户变动的趋势分析——基于人口普查数据的考察 [J]. 社会学研究，2014 (3).

释。该理论认为，从经济视角来看，出于交换目的，理性的祖辈通过隔代照护这一方式向子女转移资源，而在晚些时候可以得到其子女以及晚辈相应的回报（以"子女赡养"这种方式）。① 基于安慰、重要性和类型 3 个维度划分的 5 种类型角度，Neugarten、Weinstein 将隔代照护服务划分为寻乐型（另 4 种类型分别为正式型、保持距离型、代替父母型、智慧型）。② 该理论认为，理性祖父母对孙子女的时间和资源的投资（包括情感和经济）是一种理性的估计，而非来自感情；且隔代照护服务的关注点并非孙子女，而是其子女。③ 在当前中国社会经济转型和人口家庭结构的变迁之下，因为成年子女承担家庭、社会和供职单位的多种角色而疲于应付，出于多种考量，祖父母会主动地承担起照料孙子女的责任。这种方式对祖父母而言会产生双重效应：一方面，他们因为自己子女工作繁忙而带来的失落和孤独感，可以在隔代照护服务孙辈的过程中补偿回来；另一方面，祖辈利用更为丰富熟练的照护服务经验更好地照顾孙辈，会得到子女的感谢。④

基于此，本书的研究内容主要包括：第一，婴幼儿照护服务发展现状。通过婴幼儿照护服务的形式（家庭抚养或者托育）、婴幼儿照护服务的主体（育龄夫妇或者祖辈）、婴幼儿照护服务费用（育龄夫妇或者祖辈）3 个方面体现出来。第二，婴幼儿照护服务发展现状的影响因素。影响这一边界的主要函数为婴幼儿照护服务的"方式""主体"和"费用"与其他自变量之间的相关关系以及逻辑回归的发生比率。第三，探究如何建立健全婴幼儿照护服务发展的公共服务体系。

---

① COX, D.. Motives for Private Transfers [J]. Journal of Political Economy, 1987, 95 (3).

② 陈静，白琳琳，栾文敬. "断链后的再链接"：儿童社会保护视域下的乡村家庭隔代抚养模式研究 [J]. 北京青年研究，2018 (1).

③ FRIEDMAN, D., HECHTER, M., KREAGER, D.. A Theory of the Value of Grandchildren [J]. Rationality and Society, 2008, 20 (1).

④ 宋璐，冯雪. 隔代抚养：以祖父母为视角的分析框架 [J]. 陕西师范大学学报，2018 (1).

第三节　闽南地区婴幼儿照护服务
发展现状及其影响因素

　　调查数据显示，闽南地区婴幼儿照护服务主要以家庭抚养形式为主，其中家庭抚养比例为 97.56%、托育比例为 2.44%；婴幼儿照护服务的主体以婴幼儿祖辈为主，其中婴幼儿祖辈、育龄夫妇照护服务的比例分别为 70.02%、29.98%；婴幼儿照护服务费用由育龄夫妇、婴幼儿祖辈承担的比例分别为 75.02%、24.98%。

　　对调查数据进一步分析发现，闽南地区婴幼儿照护服务的形式、主体和费用（以育龄夫妇为分析对象）与其自变量之间存在着一定的相关关系（见表 7-2）。如果以婴幼儿照护服务"家庭抚养方式"作为因变量，与其性别（$P = 0.005 < 0.05$）、年龄（组）（$P = 0.005 < 0.1$）、职业（$P = 0.000 < 0.1$）、经济收入（$P = 0.005 < 0.5$）等自变量之间呈现出正相关，其 Spearman's rho 相关系数分别为 0.025、0.020、0.025、0.035；与其受教育程度（$P = 0.000 < 0.1$）、健康状况（$P = 0.001 < 0.05$）、住房面积（$P = 0.000 < 0.1$）等自变量之间呈现出负相关，其 Spearman's rho 相关系数分别为 -0.032、-0.030、-0.028；与"是否已生育两孩"（$P = 0.005 < 0.5$）这一变量之间也呈现出正相关，其 Spearman's rho 相关系数为 0.035；与户口性质（$P = 0.055 > 0.05$）没有通过显著性检验。也就是说，女性、年龄较大、职业相对自由和经济收入较低的受访者的婴幼儿照护服务，更愿意采用"家庭抚养方式"。可能原因在于：女性、年龄较大、职业相对自由和经济收入较低的受访者有更多的时间照护服务婴幼儿。而受教育程度较高、健康状况较差和住房面积较小的受访者，更愿意采用"托育方式"。可能原因在于：受教育程度较高的受访者因为职业缘故无暇照护服务子女，而由其祖辈承担这一任务。这也符合代际交换互惠理论诠释。

　　如果以婴幼儿照护服务"夫妇照护主体"（以育龄夫妇为分析对象）作为因变量，与其性别（$P = 0.005 < 0.05$）、年龄（组）（$P = 0.005 < 0.1$）、

职业（P=0.000<0.1）、经济收入（P=0.005<0.5）等自变量之间呈现出正相关，其Spearman's rho相关系数分别为0.030、0.025、0.035、0.030；与其受教育程度（P=0.000<0.1）、健康状况（P=0.001<0.05）、住房面积（P=0.000<0.1）等自变量之间呈现出负相关，其Spearman's rho相关系数分别为-0.030、-0.025、-0.025；与"是否已生育两孩"（P=0.005<0.5）这一变量之间也呈现出正相关，其Spearman's rho相关系数为0.032；与户口性质（P=0.055>0.05）没有通过显著性检验。也就是说，女性、年龄较大、职业相对自由和经济收入较低的受访者的婴幼儿照护服务主体，更愿意采用"育龄夫妇方式"；而受教育程度较高、健康状况较差和住房面积较小的受访者，更愿意采用"育龄夫妇长辈方式"。可能原因和前述部分基本上相一致。

表 7-2　闽南地区婴幼儿照护服务发展现状的影响因素

		性别	年龄（组）	受教育程度	户口性质	健康状况	职业	经济收入	住房面积	是否已生育两孩
Spearman's rho（家庭抚养方式）	相关系数	0.025	0.020*	-0.032*	0.025	-0.030	0.025*	0.035*	-0.028*	0.035
	Sig.（双侧）	0.005	0.005	0.000	0.055	0.001	0.000	0.005	0.000	0.005
Spearman's rho（夫妇照护主体）	相关系数	0.030	0.025*	-0.030*	0.030	-0.025	0.035**	0.030*	-0.025*	0.032
	Sig.（双侧）	0.005	0.005	0.000	0.055	0.001	0.000	0.005	0.000	0.005
Spearman's rho（夫妇承担费用）	相关系数	-0.032	-0.028*	0.035*	0.031	0.028	0.030**	.020*	-0.035*	0.030
	Sig.（双侧）	0.005	0.005	0.000	0.055	0.001	0.000	0.005	0.000	0.005
*. 在置信度（双侧）为0.1时，相关性是显著的。										

基于 Logistic Regression 模型的分析结果表明（见表7-3），闽南地区婴幼儿照护服务方式（家庭抚养）、照护服务主体（婴幼儿父母）和照护服务费用（婴幼儿父母）的选择结果（以育龄夫妇为分析对象）与其性别、年龄（组）、受教育程度、健康状况、职业、经济收入、住房面积、

是否已生育两孩等自变量之间有着明显关系。表中数据表明，相对于男性来说，女性选择婴幼儿家庭抚养照护服务方式的发生比例增加了2.20%，照护服务主体为婴幼儿父母的发生比例增加了2.40%，婴幼儿父母支付照护服务费用的发生比例降低了1.50%。相对于较低年龄（组），婴幼儿照护服务方式（家庭抚养）、照护服务主体（婴幼儿父母）分别增加了2.80%、2.90%；而照护服务费用（婴幼儿父母）选择结果的发生比例降低了3.00%。相对于自由职业的受访者，其婴幼儿照护服务方式（家庭抚养）、照护服务主体（婴幼儿父母）和照护服务费用（婴幼儿父母）选择结果的发生比率分别增加了2.80%、3.30%和3.60%。

表7-3　闽南地区婴幼儿照护服务现状影响因素逻辑回归分析结果

自变量	回归系数（B1）	回归系数（B2）	回归系数（B3）	发生比率Exp（B1）	发生比率Exp（B2）	发生比率Exp（B3）
性别	0.022	0.024	−0.015	1.022	1.024	0.985
年龄（组）	0.028	0.029	−0.030	1.028	1.029	0.970
受教育程度	−0.035	−0.030	0.032	0.966	0.970	1.033
健康状况	−0.015	−0.018	0.021	0.985	0.982	1.021
职业	0.028	0.032	0.035	1.028	1.033	1.036
经济收入	0.025	0.028	0.022	1.025	1.028	1.022
住房面积	−0.035	−0.040	−0.045	0.966	0.961	0.956
是否已生育两孩	0.032	0.031	0.035	1.033	1.031	1.036
常数项	25.254	32.385	38.175	—	—	—

注：$N = 550$，$-2LL = 45.25$，$x^2 = 8.85$，预测正确率 $= 75.43\%$

表中回归系数 B1、B2、B3 分别表示婴幼儿照护服务方式（家庭抚养）、照护服务主体（婴幼儿父母）和照护服务费用（婴幼儿父母）的选择结果与其自变量的系数

第八章　其他国家和地区家庭发展
支持政策的经验及其启示

　　2015 年 12 月，党的十八届五中全会决定"全面实施一对夫妇可生育两个孩子政策"（以下简称"全面两孩"人口生育政策）以来，统计数据及各种调查数据都显示：符合全面两孩政策的育龄妇女生育意愿低于政策预期，新增两孩人口数又低于育龄妇女生育意愿。2014 年调查数据显示，城镇符合全面两孩政策育龄妇女的两孩生育意愿为 53.6%，2015 年为44.3%，① 下降了 9.3 个百分点。全面两孩政策实施一年后的 2016 年底，全国住院分娩活产婴儿数量为 1 846 万人，只占全面两孩政策全部潜在生育人群的 20.51%。为什么有如此高比例的符合全面两孩政策育龄妇女不愿意生育两孩？这和符合全面两孩政策育龄妇女的年龄和职业情况有着很大关系。研究显示，全面两孩政策潜在目标人群及实际目标人群有相当部分是年龄在 35 周岁以上的育龄妇女，② 且她们绝大多数有着较为稳定的职业并处于职位上升阶段。如果这一群体的妇女生育两孩，势必会因为怀孕、哺乳和照料孩子对职业以及职位升迁产生一定程度的影响，从而使育龄妇女对两孩生育产生一些顾虑。

　　一个时期以来，我国人口生育水平一直处于低位运行。统计数据表明，我国人口生育水平自 20 世纪 90 年代初期开始急剧下降，1996—2003

---

① 王朝君. 全面两孩政策在期盼中落地 ［J］. 中国卫生，2015 (12).
② 翟振武，等. 立即全面放开二胎政策的人口学后果分析 ［J］. 人口研究，2014 (2).

年总和生育率（Total Fertility Rate）[①] 为 1.4，2000—2010 年为 1.22—
1.47；[②] 2005 年 1% 人口抽样调查调查为 1.33，2010 年"六普"时为
1.18，2015 年 1% 人口抽样为 1.047，远低于 2.1 的人口更替生育水平。要
针对符合全面两孩政策育龄妇女"不敢生、不能生、不愿生"等顾虑，形
成鼓励包括家庭生育服务、儿童照料、育龄家庭补贴等方面及其相关配套
措施的育龄家庭按政策生育的家庭发展支持政策体系。

　　受儒家传统文化影响较深的亚洲部分国家和地区，如日本、韩国、新
加坡和中国台湾地区，结婚生子、传宗接代是国民根深蒂固的观念。但近
年来，越来越多的育龄妇女进入职场，过度竞争和高强度的工作，使相当
一部分育龄妇女不愿、不敢生育小孩，其直接的人口学后果表现为人口总
和生育率下降和"少子化"问题。为了应对人口生育率下降及"少子化"
等问题，日本、韩国、新加坡和中国台湾地区有针对性地制定了一些包括
家庭生育服务、儿童照料、育龄家庭补贴等在内的家庭发展支持政策，在
缓解育龄妇女家庭与工作间矛盾、减轻家庭生育抚养负担，进而提高生育
水平、促进人口的长期均衡发展等方面起到了一定的作用。"他山之石，
可以攻玉。"考察分析日本、韩国、新加坡和中国台湾地区关于育龄妇女
家庭发展支持政策的成功经验，对于减少我国全面两孩政策背景下育龄妇
女的生育顾虑，鼓励她们按照人口生育政策进行生育具有借鉴作用。

第一节　其他国家和地区人口低生育水平的现状

　　生育作为人口再生产中的一个重要环节，它是从正方向影响人口总量

---

① 总和生育率（Total Fertility Rate）是假设妇女按照某一年的年龄别生育率度过育龄
期，平均每个妇女在育龄期生的孩子数。一般认为，总和生育率为 2.1 达到生育
率的更替水平，表明人口数量会维持现状；如果总和生育率<2.1，则人口数量经
过一段时间后就会减少；如果总和生育率>2.1，则人口数量经过一段时间后就会
增长。研究显示，由于我国出生性别比、婴幼儿死亡率较高，我国人口维持世代
更替水平至少需要达到 2.3 的总和生育率。
② 陈卫. 2000 年以来中国生育水平评估 [J]. 学海，2014（1）.

变动的。总和生育率是衡量生育水平最常用的指标之一。近年来，日本总和生育率一直低于 2.1 的人口世代更替生育水平，其直接的人口学后果为较为严重的"少子化"①问题。统计数据显示，2013 年，日本人口总和生育率为 1.43，同年出生人口为 103.0 万人左右，还不到 1971—1974 年第二次世界大战后第二次婴儿潮时年均出生人口的一半。2015 年，日本 14 岁及以下的人口为 1 500 万人，占总人口（12 703 万人）的 11.81%；同年总人口自然减少 29.4 万人。如据此数据推算，日本总人口将在 2048 年跌破 1.0 亿人；2050 年，65 岁及以上的老年人口将占总人口的 40.0%。0—14 岁人口占总人口比例的多少是少子化的另一个重要衡量指标，0—14 岁人口占比 15.0%—18.0% 是严重少子化，低于 15.0% 就是超少子化。目前，日本 0—14 岁人口占比为 13.2%，低于"超少子化"的衡量指标。日本长期的低生育水平业已并将继续对日本人口发展、经济社会产生影响。日本学者金子勇认为，不断加剧的少子化问题会使日本人口总量越来越少，将使日本社会濒临崩溃。②2003 年，日本人口总数达到 1.28 亿人的峰值后，因为持续的低生育水平，总人口开始呈逐年减少趋势。据预测，到 2060 年，日本总共将减少 1/3，劳动适龄人口将减少到 3 795 万人，比目前水平还要低 40% 以上；从新生儿数量来看，2005 年为 106.7 万人，2020 年下降到 91.4 万人，预计 2040 年、2060 年将分别下降至 75.6 万人、63.2 万人。

韩国人口低生育水平的过程和日本有很多相似之处。经历了 19 世纪五六十年代的高生育率和低死亡率、20 世纪 60 年代的低生育率和低死亡率直到目前的超低生育率后，21 世纪初，韩国总和生育率已远远低于 2.1 的世代更替生育水平。统计数据显示，韩国人口自然增长率、总和生育率从 1955—1960 年的 45.7‰ 和 4.05 下降到 1985 年的 16.2‰ 和 1.67，到 2005

① 少子化是指新一代人口增加的速度远远低于上一代人口自然死亡的速度，导致人口总体规模减小及年轻人口占总人口的比例大幅度降低的状况。1973 年日本妇女总和生育率是 2.14；翌年跌破 2.1 的更替水平，少子化问题初显。"少子化"一词就来自日语"しょうし"。

② ［日］金子勇. 少子化高龄社会［M］. 日本放送出版协会，2006:245.

年，更分别下降到9.0‰和1.08，① 这一数据比同期日本总和生育率1.4的水平还要低。随着人口自然增长率的大幅度下降，少儿人口比重减少，韩国少子化问题也越来越严重，并对经济社会发展产生了较大的负面影响。对此，韩国学者金千求指出：在少子化的影响下，韩国经济年增长速度将下降到1.0%—2.0%，甚至是更低水平。

相对于日本和韩国来说，中国台湾地区的低生育水平更为严峻，并一直呈现出下降的态势，少子化成为台湾社会的重大问题之一。统计数据显示，2010年台湾地区人口生育率为8.95‰，比2009年的10.3‰大幅下降了1.35个千分点。目前台湾地区总和生育率为1.2，远低于2.1的世代更替生育水平。随着生育率水平的大幅下降，台湾的新生儿数量也出现了较大幅度的下跌。1998年，台湾新生儿数量就跌破30.0万人的警戒水平（1997年台湾新生儿数量为35.4万人），2005年跌破20.0万人，比前一年再下降37.0%。从2003年开始，台湾地区就被联合国教科文组织划定为生育率超低的地区之一。长期的低生育水平对台湾地区人口社会经济的负面影响已经表现出来。新出生人口剧减对教育的影响最为明显。表现在人口结构和数量方面，2022年台湾人口将转为负增长，预计2051年台湾老年人口占比将高达39.0%。

新加坡人口低生育水平始于20世纪80年代中期。1987年，新加坡人口出生率已降至14.0‰（同期中国为23.33‰）。虽然死亡率持续降低，但新加坡人口自然增长率也呈现出快速下降的态势。21世纪以来，新加坡总和生育率一直在1.2左右徘徊（2010年为1.15），成为世界上生育率最低的国家之一，并被联合国教科文组织划定为生育率超低的国家之一。

日本、韩国、新加坡和中国台湾地区人口低生育水平的发展过程和现状，可能各有表现方式，但其原因基本上是相同的，主要为：①随着人们生活水平的提高以及社会养老保障制度的逐步健全，生育主体会越来越注重自己的发展机会以及自身生活质量，更多的是选择少生，甚至一部分人

---

① 金度完，郑真真. 韩国人口老龄化过程及其启示 [J]. 人口学刊，2007（5）.

选择不生，婚后一部分人选择成为丁克家庭；① ②由于女性受教育程度越来越高，职业及职位成为她们生活中的重要组成部分，结婚生子不再是其唯一的选择；③随着养育孩子成本（包括直接成本、间接成本）的快速增加，育龄妇女和家庭更会谨慎衡量自己是否拥有生育和养育第二个孩子的能力，因此选择少生、不生的比例也在增加。

第二节　其他国家和地区应对低生育水平的家庭发展支持体系

家庭育儿功能的弱化是现代国家面临的共同问题。针对持续的人口低生育水平，日本、韩国、新加坡及中国台湾地区从当局层面着手，加大政策制定及资金扶持力度，形成了包括家庭生育服务、儿童照料、育龄家庭补贴等方面及其相关配套措施在内的家庭发展支持政策体系。

一、制定规章制度，进行政策倾斜

日本政府较早通过政策措施对人口低生育水平、少子化问题进行干预。20世纪90年代中期，日本政府就开始制定应对少子化问题的对策，主要内容包括充实育儿长期休假制度、增加保育园、加强对婴儿和孕妇的保健服务等方面。为了使这些政策落到实处，日本成立了儿童家庭局，并在内阁设立"推进工作与生活平衡室"；各级地方政府及公共团体也相继设立儿童咨询所、儿童委员会、保健所等专门的儿童保护机构。与此同时，日本政府提出了一系列有利于儿童发展的规划：1994年的"天使计划"，要求进一步完善保育服务制度；2001年、2004年的"零待机儿童作战计划"和"儿童、育儿支援计划"，对儿童的身心健康发展提出了更高

---

① 根据爱米尔·涂尔干的社会事实理论，可以认为，"人们选择少生，甚至一部分人选择不生"是个社会事实，那它只能用别的社会事实来解释。之所以出现这一社会事实，根本原因在于生育孩子具有的社会功能（比如养老功能）。随着社会保障制度的建立健全，人们选择少生，甚至一部分人选择不生成为理所当然的事情。

要求；2003 年通过的"少子化社会对策基本法"对为育儿、就业、家庭等方面提供援助有明确的规定；2015 年出台了专门应对人口低生育水平的新方针（《少子化社会对策大纲》），该大纲指出：长期的人口低生育水平"已处于可能动摇日本社会经济基础的危险状态"，并提出了具体解决低生育水平的措施。

1991 年，韩国《婴幼儿保育法案》将 0—3 岁婴幼儿纳入学前教育体系之中，使 0—3 岁婴幼儿保育事业由单纯的"保育"发展为"保""教"结合。2010 年，《职业中断女性再就业促进法》鼓励企业针对育龄妇女或家庭组织培训、就业实习项目。2001 年，韩国成立性别平等与家庭事务部，为家庭发展支持政策和多元文化家庭提供调解和政策支持。

早在 1987 年，新加坡就改变"两个就够了"的人口政策，实施鼓励多生多育的人口政策，并指定社会和家庭发展部统筹管理人口生育政策方面的事宜。同时，新加坡发布了"如果你有经济能力的话，要三个或者更多的孩子怎么样？"等鼓励多生多育的宣传口号；相应地，教育、税收等方面也出台了一系列有利于多生多育家庭的政策，比如：较高教育程度夫妇生育的 3 个或者更多的孩子，其子女享有优先接受教育的权利。

2006 年，我国台湾地区经济永续发展会议强调，"政府应针对受雇者规划育婴留职津贴，或部分负担托育费用。针对非受雇者但有托育需要之弱势家庭，亦应建立机制给予补助"。2012 年，为协助 0—2 岁育龄家庭兼顾就业及抚养小孩，台湾地区有关机构所属儿童局"建构友善托育环境——保母（姆）托育管理与托育费用补助实施计划"对 0—2 岁育龄家庭补助部分托育费用，以减轻家庭照顾及经济负担。与此同时，台湾地区各市县相应出台了《生育津贴发给办法》，对新生儿申请生育津贴及其补助全民健康保险费自付额（健保费自付额）做了明确的规定。

二、实行津贴制度，给予经费补助

1972 年，日本开始施行儿童津贴制度，低收入家庭 3—6 岁的儿童每月补贴 4 000—6 000 日元津贴；2010 年实行的儿童津贴制度取消家庭收入限制，规定 0—15 岁青少年每月可领取 1.3 万日元津贴；2012 年实行的儿童津贴制度不仅放宽了儿童年龄限制，也提高了津贴数额，对 3 岁以下、3—15 岁的青少年分别给予每月 1.5 万日元、1.0 万日元的差异补贴。同时，补助孕妇 30 万日元的育儿补助金。

韩国的儿童津贴比日本还要高一些，所有 0—5 岁婴幼儿均可享有每月 20 万韩元的幼儿园保育费或家庭养育津贴，还专门设有针对低收入家庭的照料津贴以及隔代家庭补贴等。

在津贴及生育经费补助方面，我国台湾地区做得比较周全，包括生育津贴、育儿补贴、家庭托育费（保姆费），等等。这里做特别介绍。

（1）生育津贴。为减轻育龄妇女生活负担及工作压力，台湾地区不少市县都发放妇女生育津贴。新竹市规定，从 2012 年开始生育一至三孩及以上的，分别补助新台币 15 000 元、20 000 元、25 000 元；如生育双胞胎、三胞胎的，再分别补助新台币 5 000 元、10 000 元。高雄市《生育津贴发给办法》规定，2013 年元旦以后出生并办理高雄市出生登记或初设户籍新生儿的父母，在新生儿出生之日起 6 个月内可以申请生育津贴及其补助全民健康保险费自付额（健保费自付额）。关于生育津贴的发放数额，《生育津贴发给办法》规定，育龄家庭有 1—2 个新生儿的，每一新生儿发给生育津贴新台币 6 000 元，第 3 个及以上的新生儿，每一新生儿发给生育津贴新台币 46 000 元；第 3 个以后出生的新生儿，自出生之日起至满 1 岁止，持续设籍并实际居住本市者，补助其满 1 岁前健保费自付额的 4.55%，每人每月最高 659 元新台币。

（2）育儿补贴。自 2012 年开始，台湾地区每年编列 32 亿元新台币，对 0—5 岁的婴幼儿、收入所得税率在 20% 以下的家庭婴幼儿实行育儿补贴。所得税率在 20% 以下家庭，每名婴幼儿每月可领 4 000 元新台币；所得税率在 5% 以下的家庭，每名婴幼儿每月可领 5 000 元新台币。

（3）家庭托育费（保姆费）。为协助 0—2 岁育龄家庭解决就业与抚育之间的矛盾，台湾地区的"建构友善托育环境——保母（姆）托育管理与托育费用补助实施计划"规定，0—2 岁婴幼儿家庭可以聘请保姆，其保姆托育管理与托育费用由政府予以补助。其补助对象及标准分为一般家庭（父母双方或单亲一方最近一年总收入未达到申报标准或综合所得税税率未达到20%的）、弱势家庭（中低收入户、低收入户、家有未满2岁发展迟缓或身心障碍幼儿家庭、特殊境遇家庭、高风险家庭）和3个子女及以上家庭3种情况。聘请小区保姆系统或者聘请托婴中心保姆人员的，其家庭托育费（保姆费）补贴标准分别为新台币2 000—3 000元、新台币4 000—5 000元。

三、提供支援设施，延长育儿假

在托幼服务上，日本政府先后出台"天使计划"（Angel Plan）和"新天使计划"（New Angel Plan），不断完善育婴室、婴幼儿生活支援设施、保育所、婴幼儿寄养设施、儿童课后服务及短期照料支持服务和支援设施；每年新增加一定量的保育所，并出台一系列政策和措施，鼓励设立公营、私营保育所等；出台改善保育设施，延长保育时间，推广休息日保育、临时保育、夜间保育等模式相关政策，以达到"将等待入托儿童降为零的战役"目的。经过努力，日本婴幼儿基本上能够进入各种类型的保育所或者婴幼儿寄养设施里进行保育。为鼓励代际支持，日本政府与企业合作，推出"老人给孙子孙女缴学费不用缴税"政策和"带孙子假"，由政府向照顾孙子和孙女的祖母或外祖母提供津贴。在假期方面，日本实行育龄妇女享有90天带薪产假和12个月育儿假，育龄妇女的丈夫享有5天陪产假，且夫妻双方在育儿假期间可获得工资40%的补贴。

2010年，韩国《职业中断女性再就业促进法》鼓励企业专门针对"职业中断女性"进行职业培训、开展就业培训项目；2007年，《家庭友好社会环境建设促进法》要求相关机构和组织相互合作，共同营造家庭友好型工作环境、社区环境和社会环境。为促进女性就业与再就业，1991年，组织"妇女就职活动"，在各级政府部门设立"雇用促进中心""妇女就业援助设施"，每年举办6期"职业中断女性"再就业培训班。

新加坡社会及家庭发展部幼儿培育署（Early Childhood Development Agency）负责管理和促进早期儿童发展和托幼服务方面的工作，对 7 岁以下儿童发展项目进行统筹，并对这些项目实施情况进行监督。新加坡 7 岁以下儿童的托幼服务项目主要有：为育龄家庭提供启动津贴、社区关怀基金、学生照顾津贴、幼儿园学费援助计划和课后儿童俱乐部，所需资金主要来自政府部门。

第三节 其他国家和地区育龄妇女 家庭发展支持政策的启示

在人口低生育水平越来越成为世界性难题的背景下，不少国家和地区在家庭发展支持政策方面投入了大量的人力、财力，以期通过多元化的支撑项目达到提高总和生育率的目的。① 一段时期以来，日本、韩国、新加坡及我国台湾地区为应对人口低生育水平实施了一系列家庭发展支持政策，虽然其做法和成效稍有不同，但其经验对于长期以来处于人口低生育水平的中国来说具有一定的借鉴意义。

第一，应对人口低生育水平的家庭发展支持政策的实施时期选择非常关键，它直接决定着家庭发展支持政策的实施效应。人口低生育水平是社会经济发展和人口自身发展规律的必然趋势。有效的家庭发展支持政策能够在一定程度上缓解育龄家庭生育养育压力、鼓励育龄妇女生育。研究显示，随着家庭发展支持政策的出台与落实，不同国家的总和生育率变动呈现"快速提升"（如法国、瑞典和澳大利亚）、"缓慢提升"（如日本和德国）、"降速减缓"（如韩国、新加坡和中国台湾地区）和"基本稳定"（如美国、加拿大）4 种模式。② 原因在于，不同国家家庭发展支持政策，是在人口总和生育率变动的不同时期实施的。在人口总和生育率下降的初期和中期，有效的家庭发展支持政策能够扭转人口低生育水平，使总和生

---

① Organization for Economic Co-operation and Development. Doing Better for Families ［M］. Paris：OECD Publishing，2011.

② 杨菊华，杜声红. 部分国家生育支持政策及其对中国的启示 ［J］. 探索，2017 (2).

育率变动分别出现"快速提升""缓慢提升";在人口总和生育率下降的后期或晚期,由于错过了对人口低生育水平干预的窗口期,即使是有效的家庭发展支持政策,对扭转人口低生育水平发挥的作用也非常有限,人口总和生育率变动呈现出"降速减缓"的态势。由于日本、韩国、新加坡及中国台湾地区在人口总和生育率变动不同时期实施家庭发展支持政策,其对干预人口低生育水平发挥的作用不同。统计数据显示,与 2000 年前后相比,2015 年日本总和生育率小幅上升,达到 1.46;育龄女性各年龄段的生育率都有上升迹象,其中 35—39 岁妇女的升幅更大。韩国总和生育率从 2000 年前后谷底值的 1.22 升至目前的 1.26,虽然提升幅度不大,但可能有效地遏制了自 20 世纪 90 年代初以来持续走低的态势,因而家庭发展支持政策对干预人口低生育水平达到了"缓慢提升"的作用。新加坡和中国台湾地区的家庭发展支持政策发挥的作用并不明显,其总和生育率依旧呈下降趋势。也就是说,并不是所有家庭发展支持政策都能成功地扭转人口低生育水平、提高总和生育率。

目前,我国正处于人口低生育水平的低谷。虽然全面两孩政策已实施了一段时期,但调查数据显示,符合全面两孩政策的育龄妇女生育意愿低于政策预期,新增两孩人口数又低于生育意愿。在我国人口低生育水平的特别时期,及时有效的家庭发展支持政策的实施显得特别重要。对此,《中共中央 国务院关于实施全面两孩政策 改革完善计划生育服务管理的决定》中强调,要"构建有利于计划生育的家庭发展支持体系"。可以说,在我国人口低生育水平发展的关键时期,政府实施有力的家庭发展支持政策,将会对人口发展产生重要影响。

第二,完备的组织机构、政策法律体系,是应对人口低生育水平的家庭发展支持政策取得效果的重要基础性保证。属于公共政策的家庭发展支持政策不仅包含目标,同时包括为实现目标所具备的组织机构、政策法律体系,即包括执行政策所需要的项目、措施、策略、方法和技术。要使家庭发展支持政策实现既定的政策目标,组织机构的设立是前提条件。为此,日本成立儿童家庭厅,并在内阁设立"推进工作与生活平衡室";各级地方政府及公共团体也相继设立儿童咨询所、儿童委员会、保健所等专门的儿童保护机构。韩国成立性别平等与家庭事务部，同时设置作为总统咨询机构的"老龄化及未来社会委员会"与处理幼稚园和保育设施问题的"女性家族专门委员会"。新加坡指定社会和家庭发展部统筹管理人口生育政策方面的事宜。这些机构的设立对于应对人口低生育水平的家庭发展支持政策效果的发挥具有重要意义。目前，我国包括"妇幼保健、儿童照料、学前和中小学教育、社会保障"等方面的家庭发展支持政策分别由卫计委、教育部门、社保部门来组织实施，多部门协同实施家庭发展支持政策，一方面可以促进政策的实施效果，另一方面可以保证家庭发展支持政策的可持续性发展。

第三，充足的经费保障以及多元化的支撑项目是应对人口低生育水平的家庭发展支持政策取得效果的关键环节。家庭发展支持政策的实施是建立在充足经费保障的基础上的，因为"妇幼保健、儿童照料、学前和中小学教育、社会保障"等项目都需要经费支持。在这一方面，日、韩、新及中国的台湾地区都有专门的经费，对育龄妇女、育龄家庭和婴幼儿进行特别的援助。一段时期以来，我国逐步建立并实行了一系列约束与激励相结合、以利益为导向的家庭发展支持政策以及多元化的支撑项目，但由于经费保障相对不足，还有继续完善的空间。基于此，可以根据社会经济发展水平，适时拓展家庭发展支持政策的内容，并提高多元化的支撑项目的经费保障。

第九章　与生育政策配套衔接的家庭发展支持政策的完善对策

　　我国生育政策的调整与完善是适应人口和经济社会发展新形势、促进人口长期均衡发展的重要举措。然而，我国生育政策调整、完善以来，并没有出现人们预期的高人口出生率和较大规模的新增人口。也就是说，没有达到全面两孩政策预期。其主要原因在于适龄夫妇（家庭）有抚养小孩、赡养老人的负担，同时还有着职场升迁等诸多顾虑。与生育调整、完善政策配套衔接的家庭发展支持体系没有得到同步完善。

　　生育政策的调整、完善要达到预期的效果，需要完善与其配套衔接的家庭发展支持体系，可以从解决育龄妇女两孩生育顾虑、健全婴幼儿照护服务发展的基本公共服务体系等方面着手。

第一节　应对育龄妇女两孩生育顾虑的政策体系

　　育龄妇女（家庭）是生育主体。要实现生育政策调整、完善预期的政策效应，建立健全应对育龄妇女两孩生育顾虑的政策体系无疑具有重要意义。

　　第一，普遍两孩政策调整初期可能会因为一些群众对政策调整的误解以及相关部门政策执行力度的弱化，而导致政策性反弹与失控性反弹叠加出现的出生人口堆积，并由此带来一些次生性的社会后果。因此，要妥善消除全面两孩政策下育龄妇女两孩生育顾虑，就需要职能部门适时把工作重心转移到对符合生育条件的育龄夫妇做好相关的服务上来。这主要包括：准确掌握育龄妇女两孩生育基本情况，有针对性地指导育龄妇女两孩优生优育，并落实免费的卫生计生服务项目。

第二，要认真做好全面两孩政策下育龄妇女以及婴幼儿合法权益的保护工作。可能因为全面两孩政策的实施，会导致育龄妇女在就业、求职等方面地位的下降，而因为经济负担的加重，一些家庭会将好的机会向男性孩子倾斜。由此，政府相关部门要努力做好育龄妇女以及婴幼儿合法权益的保护工作，为她们创造条件并提供均等的发展机会，解除她们的后顾之忧。与此同时，要进一步提高全面两孩政策下人口和计划生育技术服务工作，提高育龄妇女两孩生育的医疗生产以及康复服务水平，确保全面两孩政策实施后的母婴健康和安全，采取有效措施保证母婴健康，防止婴幼儿非正常死亡。对此，《中共中央 国务院关于实施全面两孩政策 改革完善计划生育服务管理的决定》强调：要"推进优生优育全程服务，落实孕前优生健康检查，加强孕产期保健服务和出生缺陷综合防治，提高出生人口素质。向不孕不育等生育困难人员提供必要的辅助生殖技术服务。推进妇幼保健计划生育服务机构标准化建设和规范化管理，加强孕产妇与新生儿危急重症救治能力建设。加快产科和儿科医师、助产士及护士人才培养，合理确定服务价格，在薪酬分配等方面加大政策倾斜力度。""深入开展关爱女孩行动，创造有利于女孩成长成才的社会环境。依法保障妇女的宅基地、房屋等财产继承权和土地承包权。依法保障女性就业、休假等合法权益，支持女性生育后重返工作岗位，鼓励用人单位制定有利于职工平衡工作与家庭关系的措施。"

第三，妥善处理好全面两孩政策下的人口计划生育奖励扶助工作。全面两孩政策要得以全面的贯彻实施，如何处理好与此前人口计生政策的统筹与衔接问题，也非常重要。在这一方面，可以遵循"老人老办法，新人新办法""就高不就低""在'普惠'基础上实行'特惠'"等原则，做好计生家庭的奖励扶助和社会保障制度。同时，可以尝试将计划生育奖励和社会保障制度与目前实施的城乡居民社会养老保险制度和新型合作医疗制度有机结合起来，通过提高城乡居民社会养老保险中的基础养老金份额，提高计划生育家庭"老有所养"水平，通过提高中央财政对"新农合"的补贴，提高计划生育家庭"老有所医"水平。对此，《中共中央国务院关于实施全面两孩政策 改革完善计划生育服务管理的决定》强调：要"切实保障计划生育家庭合法权益，使他们优先分享改革发展的成果。对政策调整前的独生子女家庭和农村计划生育双女家庭，继续实行现行各项奖励扶助政策，在社会保障、集体收益分配、就业创业、新农村建设等方面予以倾斜。完善计划生育家庭奖励扶助制度和特别扶助制度，实行扶助标准动态调整。帮扶存在特殊困难的计划生育家庭，妥善解决他们的生活照料、养老保障、大病治疗和精神慰藉等问题。推进计划生育与扶贫开发相结合，继续实施'少生快富'工程。对政策调整后自愿只生育一个子女的夫妻，不再实行独生子女父母奖励优惠等政策。"

第四，进一步增强家庭抚幼和养老功能。建立完善包括生育支持、幼儿养育、青少年发展、老人赡养、病残照料等在内的家庭发展支持政策，鼓励按政策生育。完善计划生育奖励假制度。增强社区幼儿照料、托老日间照料和居家养老等服务功能。推进医疗卫生与养老服务相结合，探索建立长期护理保险制度。加大对残疾人家庭、贫困家庭和独居老人的帮扶支持力度。广泛开展创建幸福家庭活动和新家庭计划。

第二节　建立健全婴幼儿照护服务
发展的基本公共服务体系

由于我国一直以来非常重视家庭对于0—3岁婴幼儿照护服务发挥的作用，托育等社会形式成为其功能性短板。关于闽南地区婴幼儿照护服务调查数据显示，家庭抚养形式比例高达97.56%，托育比例只有2.44%；婴幼儿照护服务的主体、费用分别以婴幼儿祖辈（比例为70.02%）、育龄夫妇（75.02%）为主。^①也就是说，0—3岁婴幼儿照护服务主要是在家庭中，由育龄夫妇和祖辈提供；国家和社会发挥的作用极其有限。基于0—3岁婴幼儿照护服务巨大的市场和社会需求，在国家财政允许的条件下，将0—3岁婴幼儿照护服务纳入基本公共服务体系是非常必要的。对此，党的十九届四中全会《中共中央关于坚持和完善中国特色社会主义制度 推进国家治理体系和治理能力现代化若干重大问题的决定》强调："必须健全幼有所育、学有所教、劳有所得、病有所医、老有所养、住有所居、弱有所扶等方面国家基本公共服务制度体系，尽力而为，量力而行，注重加强普惠性、基础性、兜底性民生建设，保障群众基本生活。"

基本公共服务是由政府主导、保障全体公民生存和发展基本需要、与经济社会发展水平相适应的公共服务，^②其主要包括教育、就业、社会保障、医疗卫生、住房保障、文化体育等民生领域的项目。0—3岁婴幼儿照护服务发展是国家和政府基本公共服务的重要内容。党的十九大报告指出，要"完善公共服务体系，保障群众基本生活，不断满足人民日益增长的美好生活需要，不断促进社会公平正义，形成有效的社会治理、良好的社会秩序"。但是，由于我国传统上0—3岁婴幼儿照护服务发展主要依靠家庭抚养和投入，从而造成国家关于婴幼儿照护服务的家庭发展支持政策缺失及碎片化、公共投入不足、政策手段单一等问题。^③因此，建立健全0—3岁婴幼儿照护服务发展的基本公共服务体系具有重要意义。

第一，着眼于保基本兜底线，加强婴幼儿照护服务发展的顶层设计规划。《国务院办公厅关于促进3岁以下婴幼儿照护服务发展的指导意见》中强调，要"坚持以人民为中心的发展思想，以需求和问题为导向，推进供给侧结构性改革，建立完善促进婴幼儿照护服务发展的政策法规体系、标准规范体系和服务供给体系"。一段时期以来，0—3岁婴幼儿照护服务

①　汤兆云，曾勇惠. 婴幼儿照护服务方式及影响因素研究 [J]. 怀化学院学报，2020（6）.

②　欧晓理. 我国基本公共服务体系建设的现状、问题和思考 [J]. 社会治理，2019（7）.

③　孙艳艳. 0—3岁儿童早期发展家庭政策与公共服务探索 [J]. 社会科学，2015（10）.

发展主要是依靠家庭抚育，政府或者社会组织办理的托育机构是非常有限的。闽南三市调查数据显示，家庭抚养、托育比例分别为 97.56%、2.44%。但由于育龄夫妇面临着巨大的职场压力，他们没有时间和精力抚养孩子，因此只能将婴幼儿托付给其长辈照护（比例高达 75.02%）。国家卫计委调查数据显示，35.8% 的城市婴幼儿家长有托育需求，无祖辈参与照看的家庭托育需求为 43.1%；而全国婴幼儿入托率仅为 4.1%，远低于发达国家 50% 的比例。上海市妇联 2017 年调查数据显示，88% 的上海户籍家庭需要托育服务，超过 10 万人的 2 岁儿童需要托育服务；但社会服务供给严重不足。[①] 也就是说，婴幼儿托育的需求与托育机构短缺之间存在着一定的矛盾。因此，政府有关部门要根据婴幼儿照护服务发展的"需求"和"缺口"，将 0—3 岁婴幼儿照护服务纳入学前教育规划，从政策层面构建促进婴幼儿照护服务发展的政策法规体系、标准规范体系和服务供给体系，建设更多的普惠公益性婴幼儿托育机构。同时，政府相关部门对婴幼儿照护服务发展的机构进行监管和业务指导，出台相关健康标准和指导性规范方案，配套出台完善婴幼儿照护服务的相关健康保健项目收费标准，促进婴幼儿照护服务工作的顺利开展。

第二，公共服务强调的是公共责任和公共利益，是责任的去家庭化。公共服务的所有形式都必须将公共利益而非个人或集团利益放在首位。[②]一段时期以来，政府公共财物投入不足成为制约婴幼儿照护服务发展的重要因素，也是婴幼儿照护服务短板的重要成因。因此，在建立健全婴幼儿照护服务发展的基本公共服务体系过程中，应根据每一时期婴幼儿的出生人数和需要托育的情况，基于公共责任和公共利益的视角，加大政府公共财政投入力度。在既有财政条件下，提高从中央到地方各级政府的公共财政投入比例，以保障婴幼儿照护服务硬件建设和培养婴幼儿照护的相关专业人才的资金需求，提高婴幼儿照护服务能力和水平，为有生育意愿的家

---

① 马驰. 城镇 0—3 岁幼儿托育服务亟须构建早教公共服务体系 [J]. 黑龙江社会科学，2019（3）.

② 尹坚勤. 建立 0—3 岁儿童发展公共服务体系新论 [J]. 江苏社会科学，2019（5）.

庭消除后顾之忧，保证全面两孩政策取得预期效应。

第三，0—3岁婴幼儿照护服务发展的基本公共服务体系是一个以家庭为本、政府政策支持、社会广泛参与的系统工程。建立家庭、社会和婴幼儿照护服务机构三位一体的管理机制，并明确三方各自所尽的义务和分担的责任，这是首要的。在政府加大对婴幼儿照护服务发展财政投入的基础上，鼓励有条件的公办和民办幼儿园开展公益性0—3岁婴幼儿的早期教育，根据实际需要提供临时托育、计时托育、半日托育和日托育等服务项目；通过政策配套和资金支持，鼓励有条件的企、事业单位在工作场所为职工提供福利性婴幼儿照护服务，形成多元化、多样化、覆盖广的婴幼儿照护服务发展体系。同时，实现基本公共服务均等化是基本公共服务体系的重要内容和重要保障。这要求在城乡、区域和不同人群之间的婴幼儿照护服务发展方面实现"均等"，即加强城乡婴幼儿照护服务发展规划一体化，强化城乡制度整合衔接；加大对农村地区婴幼儿照护服务的支持力度；加强对困难群体婴幼儿照护服务的兜底保障，健全全员婴幼儿照护服务的基本公共服务制度。

［1］［美］詹姆斯·E. 安德森. 公共政策［M］. 唐亮，译. 北京：华夏出版社，1990.

［2］［美］贝克尔. 控制人口与发展经济［M］. 北京：北京大学出版社，1985.

［3］蔡菲. 出生性别比升高的分因素贡献率［J］. 人口研究，2007（4）.

［4］陈静，白琳琳，栾文敬. "断链后的再链接"：儿童社会保护视域下的乡村家庭隔代抚养模式研究［J］. 北京青年研究，2018（1）.

［5］陈雯. 亲职抚育困境：两孩国策下的青年脆弱性与社会支持重构［J］. 中国青年研究，2017（10）.

［6］陈达. 现代中国人口［M］. 天津：天津人民出版社，1981.

［7］陈功. 家庭革命［M］. 北京：中国社会科学出版社，2000.

［8］陈庆云. 公共政策分析［M］. 北京：中国经济出版社，1996.

［9］陈庆云. 现代公共政策概论［M］. 北京：经济科学出版社，2004.

［10］陈若琳，等. 新北市家长对婴幼儿托育照顾的满意度研究［J］. 人类发展与家庭学报，2014（16）.

［11］陈卫，孟向京. 中国生育率下降与计划生育政策效果评估［J］. 人口学刊，1999（3）.

［12］陈卫，翟振武. 1990年代中国出生性别比：究竟有多高？［J］. 人口研究，2007（5）.

［13］陈正. 人口生育政策的评价方法研究［J］. 人口学刊，2000（5）.

［14］楚军红. 中国农村产前性别选择的决定因素分析［J］. 中国人口科

学，2000（5）.

[15] 段若鹏. 中国现代化进程中的阶层结构变动研究［M］. 北京：人民
出版社，2002.

[16] 范柏乃，等. 中国人口总量预测模型新探——与赵进文教授商榷［J］.
中国人口科学，2003（6）.

[17] 风笑天. 独生子女：他们的家庭、教育和未来［M］. 北京：社会科
学文献出版社，1992.

[18] 风笑天，等. 二十年城乡居民生育意愿变迁研究［J］. 市场与人口分
析，2002（5）.

[19] 冯立天，马瀛通，冷眸. 50 年来中国生育政策演变之历史轨迹［J］.
人口与经济，1999（2）.

[20] 甘华鸣. 公共政策［M］. 北京：中国国际广播出版社，2002.

[21] 高凌. 我国人口出生性别比的特征及其影响因素［J］. 中国社会科
学，1995（1）.

[22] 高文力，等. "农村部分计划生育家庭奖励扶助制度"试点地区群众
认知情况调查概述［J］. 人口与计划生育，2005（6）.

[23] 龚国云. 出生性别比升高的思考与对策研究［J］. 人口研究，2001(3).

[24] 顾宝昌，等. 人口转变的社会经济后果［M］. 北京：社会科学文献出
版社，2006.

[25] 郭志刚，张二力，顾宝昌，等. 从政策生育率看中国生育政策的多
样性［J］. 人口研究，2003（4）.

[26] 郭志刚. 关于生育政策调整的人口模拟方法探讨［J］. 中国人口科
学，2004（2）.

[27] 洪国栋. 中国的人口老龄化问题及对策思考［J］. 人口研究，1997(4).

[28] 侯文若. 中国人口政策评估［J］. 人口研究，1988（6）.

[29] 胡宁生. 现代公共政策研究［M］. 北京：中国社会科学出版
社，2000.

[30] 胡薇. 婴幼儿照护应纳入公共服务体系［J］. 中国卫生，2019（8）.

［31］胡伟略. 人口社会学 ［M］. 北京：中国社会科学出版社，2002.

［32］胡湛，彭希哲. 家庭变迁背景下的中国家庭政策 ［J］. 人口研究，2012（2）.

［33］胡湛，彭希哲. 中国当代家庭户变动的趋势分析——基于人口普查数据的考察 ［J］. 社会学研究，2014（3）.

［34］黄匡时，等. "全面两孩" 政策目标人群及其出生人口测算研究 ［J］. 福建行政学院学报，2016（4）.

［35］黄荣清. 转型时期中国社会人口 ［M］. 沈阳：辽宁教育出版社，2004.

［36］姜涛. 人口与历史——中国传统人口结构研究 ［M］. 北京：人民出版社，1998.

［37］蒋正华. 全国和分地区人口预测 ［M］. 北京：中国人口出版社，1998.

［38］金度完，郑真真. 韩国人口老龄化过程及其启示 ［J］. 人口学刊，2007（5）.

［39］李晶. 隔代抚育对两孩生育意愿的影响 ［J］. 经济研究导刊，2019（10）.

［40］李建民，原新，王金营. 持续的挑战——21 世纪中国人口形势、问题和对策 ［M］. 北京：科学出版社，2000.

［41］李建民，等. 持续的挑战 ［M］. 北京：科学出版社，2000.

［42］李建新. 转型期中国人口问题 ［M］. 北京：社会科学文献出版社，2005.

［43］李竞能. 现代西方人口理论 ［M］. 上海：复旦大学出版社，2004.

［44］李兰永. 重视独生子女意外死亡家庭的精神慰藉需求 ［J］. 人口与发展，2008（6）.

［45］李培林. 流动民工的社会网络和社会地位 ［J］. 社会学研究，1996(4).

［46］李强. 城市农民工的失业与社会保障问题 ［J］. 新视野，2001（5）.

［47］李晓曼，曾湘泉. 新人力资本理论——基于能力的人力资本理论研究动态 ［J］. 经济学动态，2012（11）.

［48］李中清，王丰. 人类的四分之一：马尔萨斯的神话与中国的现实［M］. 北京：生活·读书·新知三联书店，2000.

［49］梁秋生，李哲夫. 中国人口出生控制成效的比较分析［J］. 人口研究，2003（1）.

［50］梁如彦，周剑. 农民工生育意愿研究综述［J］. 淮海工学院学报，2013（2）.

［51］梁中堂. 中国人口问题的"热点"：人口理论、发展战略和生育政策［M］. 北京：中国城市经济社会出版社，1988.

［52］林富德，翟振武. 走向二十一世纪的中国人口、环境与发展［M］. 北京：高等教育出版社，1996.

［53］林金德，等. 政策研究方法论［M］. 延吉：延边大学出版社，1989.

［54］刘铮. 中国人口问题研究［M］. 北京：中国人民大学出版社，1988.

［55］刘中一. 全面两孩政策下我国托育服务发展的对策建议［J］. 湖南社会科学，2017（5）.

［56］路遇. 新中国人口五十年［M］. 北京：中国人口出版社，2004.

［57］马驰. 城镇0—3岁幼儿托育服务亟须构建早教公共服务体系［J］. 黑龙江社会科学，2019（3）.

［58］马瀛通，冯立天，陈友华. 出生性别比新理论与应用［M］. 北京：首都经济贸易大学出版社，1998.

［59］茅倬彦. 符合二胎政策妇女的生育意愿和生育行为差异——基于计划行为理论的实证研究［J］. 人口研究，2013（1）.

［60］茅倬彦. 我国人口性别比的时间空间变化［J］. 人口与经济，2005(3).

［61］穆光宗. 独生子女家庭本质上是风险家庭［J］. 人口研究，2004（1）.

［62］穆光宗. 让隔代抚养回归慈孝之道［J］. 人民论坛，2017（12）.

［63］欧晓理. 我国基本公共服务体系建设的现状、问题和思考［J］. 社会治理，2019（7）.

［64］欧阳静. 新疆出生人口性别比变化的相对稳定性研究［J］. 新疆大学学报，2006（2）.

［65］彭珮云. 中国计划生育全书［M］. 北京：中国人口出版社，1997.

［66］乔晓春. 实施"普遍两孩"政策后生育水平会达到多高？［J］. 人口与发展，2014（6）.

［67］秦大河，张坤民，牛文元. 中国人口资源环境与可持续发展［M］. 北京：新华出版社，2002.

［68］沙吉才. 改革开放中的人口问题研究［M］. 北京：北京大学出版社，1994.

［69］施春景. 对韩国出生人口性别比变化的原因分析及其思考［J］. 人口与计划生育，2004（5）.

［70］石人炳，李明. 农村奖扶制度的风险及改革建议［J］. 人口研究，2011（2）.

［71］宋璐，冯雪. 隔代抚养：以祖父母为视角的分析框架［J］. 陕西师范大学学报，2018（1）.

［72］孙聚高. 法治政府论［J］. 广东行政学院学报，2001（4）.

［73］孙效良. 政策研究学概论［M］. 北京：中国经济出版社，1989.

［74］孙艳艳. 0—3 岁儿童早期发展家庭政策与公共服务探索［J］. 社会科学，2015（10）.

［75］孙志军. 农村人口受教育水平的决定因素——以赤峰农村地区为例［J］. 中国人口科学，2003（2）.

［76］汤兆云，邓红霞. 日本、韩国和新加坡家庭支持政策的经验及其启示［J］. 国外社会科学，2018（2）.

［77］汤兆云. 计划生育利益导向政策体系的评估及改革建议［J］. 人口与发展，2013（1）.

［78］汤兆云，郭真真. 经济水平对生育意愿的影响分析——一项基于 621 份调查问卷的数据［J］. 人口与发展，2012（3）.

［79］汤兆云. 人口老龄化对农村养老保险制度的影响及其政策建议［J］. 西北人口，2013（2）.

［80］王传宏，李燕凌. 公共政策行为［M］. 北京：中国国际广播出版

社, 2002.

[81] 王广州. 影响全面两孩政策新增出生人口规模的几个关键因素分析 [J].
学海, 2016 (1).

[82] 王国强. 关于完善我国人口政策的思考 [J]. 人口与计划生育, 2005(1).

[83] 王洪春, 张占平, 申越魁. 新人口学 [M]. 北京: 中国对外经济贸
易出版社, 2003.

[84] 王培安. 论全面两孩政策 [J]. 人口研究, 2016 (1).

[85] 王秋波. 我国构建 "失独家庭" 社会支持体系研究 [J]. 理论学刊,
2015 (4).

[86] 王晓丽. 中国民间的生育信仰 [M]. 北京: 社会科学文献出版
社, 1999.

[87] 王燕, 黄玫. 中国出生人口性别比异常的特征分析 [J]. 人口研究,
2004 (6).

[88] 王毅平. 全面两孩生育政策对女性的影响及其对策 [J]. 山东女子学
院学报, 2016 (5).

[89] 邬沧萍, 苑雅玲. 农村计划生育家庭分享控制人口取得成果的政策
研究 [J]. 人口与经济, 2004 (5).

[90] 吴帆. 欧洲家庭政策与生育率变化——兼论中国低生育率陷阱的风
险 [J]. 社会学研究, 2016 (1).

[91] 伍启元. 公共政策 [M]. 香港: 商务印书馆, 1989.

[92] 肖立见. 中国人口控制数量、经济效果研究 [M]. 成都: 西南财经
大学出版社, 1994.

[93] 熊波. 机会均等视角下的高等教育成本分担机制研究 [M]. 武汉:
华中师范大学出版社, 2010.

[94] 徐毅, 郭维明. 中国出生性别比的现状及有关问题的探讨 [J]. 人口
与经济, 1991 (5).

[95] 徐友龙. "中国式隔代抚育" 现象论析 [J]. 浙江社会科学, 2019 (10).

[96] 许传新. 新生代农民工生育意愿及相关因素分析 [J]. 中国青年研

究，2012（11）.

[97] 阎海琴. 生育政策的哲学思考 [J]. 贵州社会科学，1993（2）.

[98] 杨迪. 聚焦中国家庭变迁，探讨支持家庭的公共政策 [J]. 妇女研究论丛，2011（6）.

[99] 杨菊华，杜声红. 部分国家生育支持政策及其对中国的启示 [J]. 探索，2017（2）.

[100] 杨涛，Marjorie McElroy. 中国人口政策对生育率的影响 [J]. 中国人口科学，2000（3）.

[101] 姚远. 稳定低生育水平与中国家庭养老关系的再思考 [J]. 人口学刊，2000（4）.

[102] 尹坚勤. 建立0—3岁儿童发展公共服务体系新论 [J]. 江苏社会科学，2019（5）.

[103] 曾毅，舒尔茨. 农村家庭联产承包责任制对生育率的影响 [J]. 中国社会科学，1998（1）.

[104] 曾毅. 中国人口发展态势与对策探讨 [M]. 北京：北京大学出版社，1994.

[105] 查瑞传，曾毅，郭志刚. 中国第四次全国人口普查资料分析 [M]. 北京：高等教育出版社，1996.

[106] 翟振武. 20世纪50年代中国人口政策的回顾与再评价 [J]. 中国人口科学，2000（1）.

[107] 翟振武，等. 立即全面放开二胎政策的人口学后果分析 [J]. 人口研究，2014（2）.

[108] 翟振武，等. 全面两孩政策对未来中国人口的影响 [J]. 东岳论丛，2016（2）.

[109] 张邦辉. 社会保障的政府责任研究 [M]. 北京：中国社会科学出版社，2011.

[110] 张金马. 政策科学导论 [M]. 北京：中国人民大学出版社，1992.

[111] 张琪，张琳. 生育支持对女性职业稳定的影响机制研究 [J]. 北京

社会科学，2017（7）.

[112] 张赛群. 育龄妇女两孩生育顾虑及其家庭发展支持体系的完善 [J]. 社会科学家，2017（5）.

[113] 张为民，等. 对中国 2000 年人口普查完整性的估计 [J]. 人口研究，2003（4）.

[114] 张秀兰，等. 建构中国的发展型家庭政策 [J]. 中国社会科学，2003（6）.

[115] 赵秋成. 中国现行的养老保险体系：问题与解决办法 [J]. 东北财经大学学报，2000（2）.

[116] 周美林，张玉枝. 计划生育家庭特别扶助制度若干问题研究 [J]. 人口研究，2011（3）.

[117] 周艳玲. 全球视角：妇女、家庭与公共政策 [M]. 北京：社会科学文献出版社，2004.

[118] 庄渝霞. 不同代别农民工生育意愿及其影响因素——基于厦门市 912 位农村流动人口的实证研究 [J]. 社会，2008（1）.

[119] Adema, W., P. Fron, M. Ladaique. How much do OECD countries spend on social protection and how redistributive are their tax benefit systems？ [J]. International Social Security Review, 2014, 67 (1).

[120] Adriaan Kalwij. The impact of family policy expenditure on fertility in western Europe, Demography, 2010, 47 (2)：503-519.

[121] ADSERA, A.. Changing Fertility Rates in Developed Countries：The Impact of Labor Market institutions [J]. Journal of Population Economics, 2004 (1).

[122] Aird J.Slaughter of the Innocents (1990)："Coercive Birth Control in China." American Enterprise Institute Press. Washington D. C.

[123] Anders Björklund.Does family policy affect fertility? [J]. Journal of Population Economics, 2006, 19 (1)：3-24.

[124] Anderson, Thomas, Hans-Peter Kohler. Low Fertility, Socioeconomic

Development, and Gender Equity [J]. Population and Development Review, 2015, 41 (3).

[125] Anna Matysiak, Letizia Mencarini. Work-family conflict moderates the relationship between childbearing and subjective well-being [J]. European Journal of Population, 2016, 32 (3): 355-379.

[126] Anne Helene Gauthier, Jan Hatzius.Family benefits and fertility: an econometric analysis [J]. Population Studies, 1997, 51 (3): 295-306.

[127] Ann-Zofie Duvander, Trude Lappegard. Gender equal family policy and continued childbearing in Iceland, Norway and Sweden, Stockholm: Stockholm University, Department of Sociology Stockholm Research Reports in Demography, 2016 (2).

[128] Ashutosh Halder, Skewed Sex Ratio in India [J]. Indian Journal of Medical Research, Nov., 2006 (5).

[129] ATTIAS-DONFUT, C., OGG, J., WOLFF, F. C.. European Patterns of Intergenerational Financial and Time Transfers [J]. European Journal of Aging, 2005, 2 (3).

[130] Banister, Judith (1992). China: Recent mortality levels and trends. Paper presented at the annual meeting of the Population Association of America, May. Denver.

[131] Begall, K., & Mills, M. The impact of subjective work control, job strain and work-family conflict on fertility intentions: a European comparison, European Journal of Population/Revue europe énne de De' mographie, 2011, 27 (4): 433-456.

[132] Billingsley, S., T.Ferrarini. Family policy and fertility intentions in 21 European countries [J]. Journal of Marriage and Family, 2014, 76 (2).

[133] Bledsoe, Caroline. Contingent lives: fertility, time and aging in West Africa [M]. Chicago: University of Chicago Press, 2002.

[134] Bourdieu, Pierre.On the family as a realized category [J]. Theory, Cul-

ture & Society, 1996, 13 (3): 19-26.

[135] Brewster, Karin L., Ronald R. Rindfuss. Fertility and women's employ-ment in industrialized nations [J]. Annual Review of Sociology, 2000, 26, 271-296.

[136] Bundes ministerium für Familie, Senioren, Frauen, Jugend. 2004. Bevölkerung sorientierte Familien Politikein Wachstums faktor. Golm: Branden burgische Universitäts druckerei.

[137] Carl J. Friedrich, Man and His Government [M]. N.Y: Mcgraw Hill, 1963: 79.

[138] Chang, Ming-Cheng, Sex Ratio at Birth and Sex Preference in Taiwan Province of China, Sex Preference for Children and Gender Discrimination in Asia, KIHASA Research Monograph, 1996 (2).

[139] Christin Hilgemana, Carter T.Butts. Women's employment and fertility: a welfare regime paradox [J]. Social Science Research, 2009, 38 (1): 103-117.

[140] COX D.Motives for Private Transfers [J]. Journal of Political Economy, 1987, 95 (3).

[141] D. Easton.The Political System [M]. N, Y.: Knopf, 1953: 129.

[142] Das Gupta, Monica. Selective discrimination against female children in rural Punjab, India [J]. Population and Development Review, 1987 (13).

[143] Duvander, A. Z., Lappegård, T., Andersson, G. Family policy and fertility: Fathers' and mothers' use of parental leave and continued childbearing in Norway and Sweden [J]. Journal of European Social Pol-icy, 2010, 20 (1): 45-57.

[144] FRIEDMAN, D., HECHTER, M., KREAGER, D.. A Theory of the Value of Grandchildren [J]. Rationality and Society, 2008, 20 (1).

[145] Gerda Neyer, Gunnar Andersson. Consequences of family policies on

childbearing behavior: effects or artifacts? [J]. Population and Development Review, 2008, 34 (4): 699-724.

[146] Guerrina, R. Mothering in Europe: feminist critique of European policies on motherhood and employment [J]. The European Journal of Women's Studies, 2002, 9 (1): 49-68.

[147] H.D.Lasswell, Kaplan, Power and Society, N.Y.: McGraw-Hill Book Co., 1963: 70.

[148] Hadas Mandel Moshe, Semyonov. Family policies, wage structures, and gender gaps: sources of earnings inequality in 20 countries [J]. American Sociological Review, 2005, 70 (6): 949-967.

[149] Hantrais, L., Family Policy Matters.Responding to family change in Europe [M]. Bristol: The Policy Press, 2004.

[150] Haya Stier, Noah Lewin-Epstein. Welfare regimes, family-supportive policies, and women's employment along the life-course [J]. American Journal of Sociology, 2001, 106 (6): 1731-1760.

[151] HUGHES, M. E., WAITE, L. J., LAPIERRE, T. A., LUO, Y.. All in the Family: The Impact of Caring for Grandchildren on Grandparents' Health. The Journals of Gerontology Series B: Psychological Sciences and Social Sciences, 2007, 62 (2).

[152] Jane Lewis, Trudie Knijn. Patterns of development in work/family reconciliation policies for parents in france, germany, the Netherlands and the UK in the 2000s [J]. Social Politics, 2008, 15 (3): 261-286.

[153] Johansson, Sten, Ola Nygren. The Missing Girls of China: A New Demographic Account [J]. Population and Development Review, 1991, 17 (1).

[154] John Bongaarts, Fertility and reproductive preferences in post-transitional societies, Population and Development Review, 2001, Vol. 27, Supplement: Global Fertility Transition.

[155] Jürgen Dorbritz. Germany: Family diversity with low actual and desired fertility [J]. *Demographic Research*, 2008, 19: 557-598.

[156] Kamerman, Sheila, Alfred Kahn. Family policy: government and families in fourteen countries [M]. New York: Columbia University Press, 1978.

[157] Kim Barker, Fewer Girls, Few Will Discuss Why: Some Indians Talk about Daughters as if They Were Walking Price Tags-and Many Quietly Ignore a Law against Sex-Selective Abortions, Knight Ridder Trbune Business News, Washington, 2006.

[158] KO, P.C, HANK, K.. Grandparents Caring for Grandchildrenin China and Korea: Findings from CHARLS and KLo SA.The Journals of Gerontology, Series B: Psychological Sciences and Social Sciences, 2014, 69 (4).

[159] Langan, Mary, Ilona Ostner. Geschlechterpolitik im wohlfahrtsstaat: aspekte im internationalen vergleich [J]. Kritische Justiz, 1991, 24 (3): 302-317.

[160] Lappegård, Trude.Working papern family policies and fertility: parents' parental leave use, childcare availability, the introduction of childcare cash benefit and continued childbearing in Norway, Discussion Papers, 2008: 564.

[161] Lewis, Jane. Gender and the development of welfare regimes [J]. Journal of European Social Policy, 1992, 2 (3): 159-173.

[162] Margitta Matzke & Ilona Ostner, Introduction: Change and Continuity in Recent Family Policies [J]. Journal of European Family Policy, 2010. Vol. 20 (5).

[163] Maria Cancian, Deborah Reed. 2008. Family structure, childbearing, and parental employment: implications for the level and trend in poverty. University of Wisconsin-Madison, Institute for Research on Poverty.

[164] Misra, J., Budig, M. Boeckmann, I. Work-family policies and the

effects of children on women's employment hours and wages.Community, Work and Family, 2011, 14 (2): 139-157.

[165] Nada Stropnik and Milivoja Šircelj. 2008. Slovenia: Generous family policy without evidence of any fertility impact, 2008 (19): 1019 -1058.

[166] Organization for Economic Co-operation and Development.Doing Better for Families [M]. Paris: OECD Publishing, 2011.

[167] Orloff, Ann Shola. Gender and the social rights of citizenship: The comparative analysis of gender relations and welfare states [J]. American Sociological Review, 1993, 58 (3): 303-328.

[168] Park, Chai Bin, Nam-Hoon Cho, Consequenees of Son Preferenee in Alow-fertility Soeiety: Imbalanee of the Sex Ratio at Birth in Korea [J]. Population and Development Review, 1995, 21 (1).

[169] Patricia Apps, Ray Rees. Fertility, taxation and family policy [J]. Scandinavian Journal of Economics, 2004, 106 (4): 745-763.

[170] Pierre Pestieau, Gregory Ponthiere.Childbearing age, family allowances, and social security [J]. Southern Economic Journal, 2013, 80 (2): 385-413.

[171] Prabhat Jha, Rajesh Kumar, Priya Vasa, et al., Low Male-to-Female Sex Ratio of Children Born in India: National Survey of 1. 1 Million Households, The Lancet, London: Jan. 21 − 27, 2006 Vol. 367, Iss. 9506.

[172] R. Lapham, W. P. Mauldin, Family Planning Program Effort and Birthrate Decline in Developing Countries [J].International Family Planning Perspectivs, 10 (4).

[173] Richard A. Easterlin, The Economics and Sociology of fertility: A synthesis // C. Tilly (ed), Historical Studies of Changing Fertility [M]. Princeton University Press, 1978.Jon C.Caldwell, Theory of Fertility de-

cline. London: Academic Press, 1982.

[174] Rindfuss, R. R., Guilkey, D. K., Morgan, S. P., & Kravdal, Ø. Child-care availability and fertility in Norway [J]. *Population and Development Review*, 2010, 36 (4): 725–748.

[175] Ronald R. Rindfuss, David K. GuilKey. Child-care availability and fertility in Norway [J]. Population and Development Review, 2010, 36 (4): 725–748.

[176] Rudolf DroBler Runst der Eiszeit-Von Spanien bis Sibirien.33.Koehler So Amilang Leipzif 1980.

[177] Sandhya Srinivasan, Rights-India: Laws Fail to Stop Families from Aborting Girls, Global Information Net-work, New York, Jun. 2006 (18).

[178] Shahnaz Anklesaria Aiyar, Women and Microcredit: Can a Mantra Deliver Empowerment? [J]. The Times of India, Aug.14, 1997.

[179] Sheps, Mindel C., Effects on family size and sex ratio of preferences regarding the sex of children [J]. Population Studies, 1963, Vol. 17.

[180] Stuart Basten, Baochang Gu.Childbearing preferences, reform of family planning restrictions and the Low Fertility Trap in China. 2013 (11): 45–66.

[181] Terence, H. Hull, Recent Trends in Sex Ratios at Birth in China. United Nations, Economic and Social Commission for Asia and Pacific, 1990.

[182] Thévenon, Olivier, Gauthier, Anne H. Family Policies in Developed Countries: A "Fertility-booster" with Side-effects [J]. Community, Work and Family, 2011, 14 (2).

[183] Tomas Frejka, Gavin W. Jones. East Asian childbearing patterns and policy developments [J]. Population and Development Review, 2010, 36 (3): 579–606.

[184] Westley, S. B.. Evidence Mounts for Sex-Selective Abortion in Asia [J]. East-west Center, 1995 (11).

|附　录|

附1　单独两孩生育政策背景下
适龄家庭生育意愿的调查问卷

————同志，您好：

目前，单独两孩生育政策已正式实施。为了解单独两孩生育政策实施后适龄家庭的生育意愿，"单独两孩政策对福建省人口、经济和社会的影响"课题组（福建省社会科学规划2014年度项目）拟对单独两孩生育政策背景下适龄家庭的生育意愿进行问卷调查。

本次调查是匿名的，调查结果不对外公开，仅作为课题研究之用；对调查数据的分析、运用，将严格遵守《中华人民共和国统计法》的相关规定。

谢谢您的配合。祝您工作顺利，身体健康！

"单独两孩政策对福建省人口、经济和社会的影响"课题组

2015年8月

第一部分　您的基本情况

（　　）1. 您的性别：A. 男；B. 女

（　　）2. 您户口所在地：A. 城镇户口；B. 农村户口

（　　）3. 您的年龄：A. 20周岁及以下；B. 21—25周岁；C. 26—30周岁；D. 31—35周岁；E. 36—40周岁；F. 41周岁及以上

（　）4. 您的职业：A. 务农；B. 务工；C. 公职人员；D. 经商；E. 其他

（　）5. 您的文化程度：A. 小学及以下；B. 中学；C. 大学；D. 研究生及以上

（　）6. 您的年收入：A. 10 000 元及以下；B. 10 001—20 000 元；C. 20 001—30 000 元；D. 30 001—500 000 元；E. 500 001 元及以上

（　）7. 您的结婚年龄：A. 20 岁以下；B. 21—25 岁；C. 26—30 岁；D. 31—35 岁；E. 36 岁以上

（　）8. 您的生育年龄：A. 20 岁以下；B. 21—25 岁；C. 26—30 岁；D. 31—35 岁；E. 36 岁以上

（　）9. 您哪一方是独生子女：A. 丈夫；B. 妻子

（　）10. 您的孩子目前有多大年龄：_____岁

（　）11. 您的孩子的性别：A. 男；B. 女

第二部分　您的生育意愿情况

（　）12. 您的意愿生育年龄：A. 20 岁以下；B. 21—25 岁；C. 26—30 岁；D. 31—35 岁；E. 36 岁以上

（　）13. 您的意愿生育的子女数：A. 不要；B. 1 个；C. 2 个；D. 3 个及以上

（　）14. 您的意愿子女性别：A. 1 个男孩；B. 1 个女孩；C. 1 男 1 女；D. 2 个男孩；E. 2 个女孩；F. 其他

（　）15. 您的意愿生育子女的目的：A. 养老；B. 精神慰藉；C. 传宗接代；D. 家庭稳定；E. 家庭兴旺；F. 增加劳动力；G. 继承财产；H. 舆论压力；I. 其他

（　）16. 您觉得"两孩家庭"与"一孩家庭"相比，有什么区别吗：A. 有明显区别；B. 没有明显区别；C. 没有关注，无所谓

（　）17. 如果有区别，您觉得"两孩家庭"与"一孩家庭"最大的区别在什么地方：A. 养老；B. 精神慰藉；C. 传宗接代；D. 家庭稳定；E. 家庭兴旺；F. 增加劳动力；G. 继承财产；H. 舆论压力；I. 其他

第三部分　"单独两孩"政策实施后，您的生育意愿情况

（　　）18. 您对"单独两孩"政策的了解程度：A. 非常了解；B. 一般了解；C. 不了解

（　　）19. "单独两孩"政策的实施，对您生育意愿的影响：A. 影响大，发生改变；B. 影响不大，没有发生大的改变；C. 完全没有影响

（　　）20. 您是否赞成开放"单独两孩"政策：A. 赞成；B. 不赞成；C. 无所谓

（　　）21. 目前，泉州市"单独两孩"政策已正式实施。您是否考虑再生一个孩子：A. 会考虑再生一个；B. 不考虑再生一个；C. 目前暂时没有考虑

（　　）22. 如果您"考虑再生一个"，对子女的性别有什么特别的要求吗：A. 与现有子女性别不同；B. 与现有子女性别相同；C. 无所谓，没有什么要求

（　　）23. 如果您"考虑再生一个"，其主要原因是：A. 父母（家族长辈）要求；B. 一个孩子太孤独了，不利于成长；C. 一个孩子有风险；D. 头胎是女（男）孩，想要个男（女）孩；E. 养老有保障；F. 弥补自身作为独生子女的遗憾；G. 其他

（　　）24. 如果您"不考虑再生一个"，其主要原因是：A. 个人身体健康原因；B. 怀孕、生养孩子很麻烦；C. 影响自己的工作和事业发展；D. 社保体系不健全，再养育个孩子成本太高；E. 作为独生子女，觉得一个人自由，挺好的；F. 优生优育，生育一个小孩可以更好地进行培养；G. 其他

（　　）25. 您觉得影响您"不考虑再生一个"的最主要因素有：A. 经济因素；B. 传统观念；C. 自身意愿；D. 国家政策；E. 生活环境；F. 其他

（　　）26. 您是否赞同"只要育龄夫妇愿意，应无条件允许生育两孩"：A. 赞同；B. 不赞同

问卷调查至此结束。再一次感谢您的配合。祝您工作顺利，身体健康！

附2 全面两孩生育政策背景下适龄家庭生育意愿的调查问卷

_____同志，您好：

目前，我国全面两孩生育政策已正式实施。为了解全面两孩生育政策实施后适龄家庭的生育意愿，"全面两孩政策背景下福建省适龄家庭生育意愿、生育行为及其发展支持体系研究"课题组（福建省社会科学规划2016年度重点项目）拟对全面两孩生育政策实施后的适龄家庭的生育意愿进行问卷调查。

本次调查是匿名的，调查结果不对外公开，仅作为课题研究之用；对调查数据的分析和运用，将严格遵守《中华人民共和国统计法》的相关规定。

谢谢您的配合。祝您工作顺利，身体健康！

"全面两孩政策背景下福建省适龄家庭生育意愿、生育行为及其

发展支持体系研究"课题组

2017年12月

第一部分　您的基本情况

（　）1. 您的性别：A. 男；B. 女

（　）2. 您户口所在地：A. 城镇户口；B. 农村户口

（　）3. 您的年龄：A. 20周岁及以下；B. 21—25周岁；C. 26—30周岁；D. 31—35周岁；E. 36—40周岁；F. 41周岁及以上

（　）4. 您的职业：A. 务农；B. 务工；C. 公职人员；D. 经商；E. 其他

（　）5. 您的文化程度：A. 小学及以下；B. 中学；C. 大学；D. 研究生及以上

（　）6. 您的年收入：A. 10 000元及以下；B. 10 001—20 000元；

C. 20 001—30 000 元；D. 30 001—500 000 元；E. 500 001 元及以上

（　　）7. 您的结婚年龄：A. 20 岁以下；B. 21—25 岁；C. 26—30 岁；D. 31—35 岁；E. 36 岁以上

（　　）8. 您的生育年龄：A. 20 岁以下；B. 21—25 岁；C. 26—30 岁；D. 30—35 岁；E. 36 岁以上

（　　）9. 您哪一方是独生子女：A. 丈夫；B. 妻子

（　　）10. 您的孩子目前有多大年龄：_____岁

（　　）11. 您的孩子的性别：A. 男；B. 女

第二部分　您目前的生育意愿情况

（　　）12. 您的意愿生育年龄：A. 20 岁以下；B. 21—25 岁；C. 26—30 岁；D. 31—35 岁；E. 36 岁以上

（　　）13. 您的意愿生育的子女数：A. 不要；B. 1 个；C. 2 个；D. 3 个及以上

（　　）14. 您的意愿子女性别：A. 1 个男孩；B. 1 个女孩；C. 1 男 1 女；D. 2 个男孩；E. 2 个女孩；F. 其他

（　　）15. 您的意愿生育子女的目的：A. 养老；B. 精神慰藉；C. 传宗接代；D. 家庭稳定；E. 家庭兴旺；F. 增加劳动力；G. 继承财产；H. 舆论压力；I. 其他

（　　）16. 您觉得"两孩家庭"与"一孩家庭"相比，有什么区别吗：A. 有明显区别；B. 没有明显区别；C. 没有关注，无所谓

（　　）17. 如果有区别，您觉得"两孩家庭"与"一孩家庭"最大的区别在什么地方：A. 养老；B. 精神慰藉；C. 传宗接代；D. 家庭稳定；E. 家庭兴旺；F. 增加劳动力；G. 继承财产；H. 舆论压力；I. 其他

（　　）18. 不要孩子：A. 不喜欢；B. 为了自己清闲；C. 怕抚养不起；D. 为了提高生活质量；E. 现在婚姻不稳定；F. 其他

（　　）19. 只要一个孩子：A. 子女数适度；B. 负担轻；C. 响应政府号召；D. 怕罚；E. 其他

（　　）20. 要两个孩子：A. 孩子有伴；B. 将来孩子负担轻；C. 男孩

女孩都有的可能性大；D. 为了要男孩；E. 其他

（　）21. 想生三个孩子：A. 为了要男孩；B. 孩子多的家庭不受气；C. 其他

（　）22. 偏好随便生：A. 顺其自然，生多少算多少；B. 有了男孩为止；C. 其他

（　）23. 符合条件不想生育二胎（或多胎）理由（可多选）：A. 抚养孩子花费太高；B. 有一个孩子就够了；C. 响应计划生育号召，控制人口；D. 经济条件不好；E. 没精力带孩子；F. 年龄大了；G. 身体不好；H. 亲友都有一个孩子

（　）24. 喜欢男孩：A. 传宗接代；B. 面子好看；C. 老有所养；D. 为了家里不受气；E. 其他

（　）25. 喜欢女孩：A. 少操心；B. 对爸爸妈妈贴心；C. 如今女孩地位高；D. 其他

（　）26. 顺其自然：A. 生啥算啥，男孩女孩都一样；B. 政策不让生就不生了；C. 其他

第三部分　全面两孩生育政策实施后，您的生育意愿情况

（　）27. 您对全面两孩生育政策的了解程度：A. 非常了解；B. 一般了解；C. 不了解

（　）28. 全面两孩生育政策的实施，对您生育意愿的影响：A. 影响大，发生改变；B. 影响不大，没有发生大的改变；C. 完全没有影响

（　）29. 您是否赞成开放全面两孩生育政策：A. 赞成；B. 不赞成；C. 无所谓

（　）30. 目前，全面两孩生育政策已正式实施。您是否考虑再生一个孩子：A. 会考虑再生一个；B. 不考虑再生一个；C. 目前暂时没有考虑

（　）31. 如果您"考虑再生一个"，对子女的性别有什么特别的要求吗：A. 与现有子女性别不同；B. 与现有子女性别相同；C. 无所谓，没有什么要求

（　）32. 如果您"考虑再生一个"，其主要原因是：A. 父母（家族

长辈）要求；B. 一个孩子太孤独了，不利于成长；C. 一个孩子有风险；D. 头胎是女（男）孩，想要个男（女）孩；E. 养老有保障；F. 弥补自身作为独生子女的遗憾；G. 其他

（　　）33. 如果您"不考虑再生一个"，其主要原因是：A. 个人身体健康原因；B. 怀孕、生养孩子很麻烦；C. 影响自己的工作和事业发展；D. 社保体系不健全，再养育个孩子成本太高；E. 作为独生子女，觉得一个人自由，挺好的；F. 优生优育，生育一个小孩可以更好地进行培养；G. 其他

（　　）34. 您觉得影响您"不考虑再生一个"的最主要因素有：A. 经济因素；B. 传统观念；C. 自身意愿；D. 国家政策；E. 生活环境；F. 其他

（　　）35. 您是否赞同"只要育龄夫妇愿意，应无条件允许生育三孩及以上"：A. 赞同；B. 不赞同

调查问卷到此结束！再一次感谢您的配合。祝您工作顺利，身体健康！